JN279812

ドイツに学ぶ
木質パネル構法

地方分権型経済と環境配慮型木造住宅

山本恭逸・大橋好光　著

市ヶ谷出版社

リグノトレンド構法による木造4階建共同住宅

同入口側ファザード

ヴァイルハイム（ドイツ）の戸建住宅

シャッフハウゼン（スイス）の戸建住宅の増築

クロイツタール（ドイツ）の木造4階建マンション

イラーキルッヒェベルク（ドイツ）の戸建住宅

ツォイテン（ドイツ）戸建住宅の増築と階の建増し

フィッシュバッハ（ドイツ）宿泊所つき自然体験センター

ペーターツフェル（ドイツ）の多世帯共同住宅

ケンプテン（スイス）の戸建住宅

インゴルシュタット（ドイツ）の戸建住宅

写真提供
SWISS BUILDING COMPONENTS AG
LIGNOTREND Produktions GmbH

ヴェルッテンベルク（ドイツ）の二世帯住宅

執筆にあたって

　1997年5月ドイツのハノーバーメッセの会場片隅に展示されていた木質パネルに一人の日本人が目を留めた。青森で製材業を営む高橋五十一氏である。ドイツに誕生して間もないリグノトレンド構法と高橋との最初の出会いである。当時、リグノトレンド構法は事業としてヨチヨチ歩きの状態だったがパネルを見た高橋は、「これで日本の杉を救える」と確信したという。その後、リグノを学べば学ぶほど高橋はその優れた魅力にとりつかれていった。この技術を日本に導入することができれば、日本の森林を甦らすことができるし、各地の疲弊した製材業は息を吹き返し、日本の木造住宅を欧米並みの水準にもっていくことができると考えた高橋は、導入に向けて渡欧を繰り返すようになる。若き日にドイツに留学した高橋は、ドイツびいきの変わり者と見られていたこともあって、リグノに傾倒すればするほど周囲の目は冷ややかであった。

　2000年12月、待望の日本におけるリグノ住宅第一号が青森市沖舘に建設された。しかし、このとき、水をさすようなことになったのが阪神大震災を機に強化された建築基準法である。厳しくなった基準をクリアするため、わが国初のクリープ試験など耐久性試験が次々と繰り返されることになった。この間の取組みは、地方の中小企業にとって最も厳しく辛い時期だったに違いない。

　2003年12月国土交通省から建築基準法第37条第2項による認定を得た。待望の認定である。こうした高橋のひたむきさと志に感ずるところがあり側面から支えたのが、株式会社構創建築事務所の佐々木栄美社長であり、本書の共同執筆者でもある熊本県立大学大橋好光助教授である。

　筆者の属する青森公立大学も、佐々木恒男学長はじめ関係者がリグノトレンド構法を支援してきた。それは、このプロジェクトが「平成14年度（2002年）青森市ものづくりモデル事業」として採択されたからであり、その活動が一私企業の利益ではなく、地域経済、ひいては全国の森林を元気にするための公益活動という認識からである。2004年3月5日には、青森学術文化振興財団の助成により開学10周年記念事業として東京の新木場でカールスルーエ工科大学のブラース教授を迎え、木造住宅技術国際フォーラムを開催した。

　わが国初のリグノトレンド構法を紹介する本書もまた、青森学術文化振興財団の助成により出版の運びとなったものである。改めて感謝したい。本書の出版が、日本におけるリグノトレンド構法の普及に貢献し、林業・製材業の活性化に貢献することを期待している。

　本書の第1編は山本が、第2編は大橋が執筆した。内容はあくまで個人としての見解であり、それぞれが属する組織としての見解ではない。

　　2004年8月　　　　　　　　　　　　　　　執筆者を代表して　山本恭逸

「地域の間伐材を多用した新構法への期待」

河野　元信（林野庁　木材課長）

　わが国は，戦中戦後に荒廃した森林の復旧のための造林を積極的に推進し，森林面積の約4割に当たる1千万haの人工造林を造成してきた。これらの森林は，杉を中心とする針葉樹の一斉林であり，毎年8千万m^3もの成長を続けている。

　また，これらの森林には，二酸化炭素を吸収し貯蔵する機能のほか，土砂の流出や崩壊を防ぐ機能など様々な機能の発揮が期待されている。

　一方，これらの森林整備を担ってきた林業・木材産業は，木材価格の低迷等から採算性が低下し，林業生産活動も停滞している状況にあり，森林整備に必要な間伐等が行われず，伐採しても造林が行われない森林が増加しつつある。

　このような状況の中で，間伐材等の国産材の安定供給と需要拡大を図り，林業・林産業の採算性の向上，担い手の定着化等を推進し，森林の整備・保全のための資金を川上に循環させる「森林資源循環システム」を確立することが不可欠となっている。

　林野庁としても，国産材の需要開発やPR，住宅をはじめ新たな用途への技術の開発や普及など様々な対策を講じているところであるが，これと相俟って今まで利用度の低かった間伐材等を低コストで加工し付加価値の高い製品にするという民間レベルでの経済活動が極めて重要となっている。

　本書で紹介されているリグノトレンド構法は，ドイツで開発され，青森の企業がわが国に導入したものであり，木材，とりわけ間伐材を多量に使用可能としたところに特徴がある。実際に住宅を建設するためには，建築基準法に沿った各種性能の認定を受ける必要があり，資本力のある大手の企業でなければ難しい面が多い中で，それを創意工夫と熱意で克服されたことに敬意を表するところである。

　この度，木質構造計算では気鋭の若手である大橋好光熊本県立大学助教授と地域経済研究者である山本恭逸青森公立大学教授によって，リグノトレンド構法の解説書が刊行されることとなった。本書の刊行を通じて，杉間伐材等の国産材の需要拡大が図られることを期待するものである。

　2004年8月

「リグノトレンド構法への期待」

坂本　功（東京大学 教授）

　リグノトレンド構法は，木材を多量に使用するところにその特徴がある．しかも，そこで使われる木材は，むしろ市場では評価の低いB級材である．したがってこの構法は，今日のわが国の森林，とりわけ戦後植林し伐期を迎えている国産杉にとって朗報とも言える技術である．

　わが国の森林は，二酸化炭素を吸収し酸素を供給するなどさまざまな公益機能を担っているにもかかわらず，現実の経済社会の中では，厳しい環境に置かれている．理由はさまざまだが，社会経済環境のドラスティックな変化に十分対応できていない部分と，外部経済という公益機能が市場メカニズムの中で適正に評価されない部分とがあろう．

　いずれにせよ行政ができることにはおのずと限界がある．民間の創意工夫と優れたビジネス感覚でこの難局を乗り切っていく以外に方法はない．

　そこで期待されるのが，リグノトレンド構法である．ドイツに誕生したリグノトレンド構法は，わずか10年でドイツ・スイスの各地にパートナーを増やし，ネットワーク型組織として成長を遂げていると聞く．

　この技術が日本に導入され，平成15年（2003年）12月建築基準法第37条第2項の認定を得た．さらに，型式認定を取得予定であるし，耐火実験も予定されていると聞く．

　耐火性能をクリアすれば，日本でも4階建て木造ビルが可能である．こうした挑戦は，木材とくにB級材の用途を飛躍的に拡大するものである．

　このリグノトレンド構法をドイツから導入したのは，たまたま青森の企業である．リグノトレンド構法のドイツでの事業展開が各地のパートナーによって支えられたと同様，日本でも各地にパートナーが形成され，大きく展開することが，国産杉を守るためにも期待される．

　この度，リグノトレンド構法に関するわが国最初の著作が刊行された．本書の刊行が，わが国におけるリグノトレンド構法の普及と，それを通じた国産材の活用に貢献するものとして大いに期待したい．

　　2004年8月

目　　次

第1編　産業編（リグノ技術と関連産業）

1．山が荒れている ……………………………………………………………… 16
　⑴　伐採は悪か？（16）
　⑵　低下する林業所得（17）
　⑶　木は二酸化炭素の貯蔵庫（18）
　⑷　伐って植えるリサイクルの確立を（19）

2．地域経済の疲弊とそのメカニズム ………………………………………… 21
　⑴　変わる国と地方の関係（21）
　⑵　地域振興概念のあいまい性（22）
　⑶　地域開発と地域振興（23）
　⑷　地域活性化（24）
　⑸　まちおこし・むらおこし（25）
　⑹　まちづくり・地域づくり（26）
　⑺　法律に見る地域振興（26）
　⑻　経済学の理論による中央と地方の関係（27）
　⑼　地方の自立が困難な理由（29）
　⑽　地方交付税への依存（30）
　⑾　地域経済自立への道（33）

3．住宅建設にみる地域経済疲弊の構造 ……………………………………… 34
　⑴　地場の中小工務店（34）
　⑵　住宅建設部材（34）
　⑶　青森県にみる地方経済の疲弊の構造（35）
　⑷　リグノトレンド構法によると（36）

4．リグノトレンド構法とは …………………………………………………… 38
　⑴　徹底した乾燥と端材利用（38）
　⑵　有開口壁倍率3を実現（39）
　⑶　デッキによる延焼防止と遮音効果（40）
　⑷　8ｍの空間確保が生む設計の自由度（40）
　⑸　パネルの通気性が住宅の耐久性を高める（40）
　⑹　木を楽しむ環境住宅（41）
　⑺　杉利用拡大の可能性（41）

5．リグノ哲学が地域経済を変える …………………………………………… 42
　⑴　ネットワーク組織による成長 ─ 地方分権型経済（42）
　⑵　成長を支える10の哲学（43）
　⑶　社会システムとしてのリグノ構法（45）
　⑷　木造住宅産業クラスター形成による地域再生（45）
　⑸　求められる新しい価値観（48）

6．日本の住宅をどう変える ……………………………………………… 50
　(1) ハーフビルド住宅を楽しむ（50）
　(2) 首都圏で建てる800万円手づくり住宅（52）
　(3) 住宅産業の寿司ロボットになるか？（55）
　(4) 設計士主導の家づくりの可能性（55）

第2編　構法編（リグノ技術の特性）

1．リグノトレンド構法の位置づけ ………………………………………… 58
2．リグノトレンド構法の10の哲学 ………………………………………… 61
　(1) 木造壁の高い性能（61）
　(2) 木があることによる快適性（62）
　(3) 化学物質を使わずに耐候性のある木造建築物（63）
　(4) 4層の壁構造パネルの利点（64）
　(5) 施工の単純化（66）
　(6) 最適な建材を使って建設する（67）
　(7) 居住者も，施工関係者の健康にも配慮する（69）
　(8) 環境を尊重し，未来のために生態系に配慮して建てる（70）
　(9) 妥当な価格で良質の製品を提供（70）
　(10) 「くちこみ」による宣伝（71）
　(11) 気候木造住宅の良い面はたくさんある（72）

3．リグノトレンド構法の特色 ……………………………………………… 73
　(1) 構造機能（73）
　(2) ブロック構法による施工性能の向上（79）
　(3) 自然通気による快適空間の確保（79）
　(4) 冷暖房効果と断熱性（84）
　(5) 環境・自然（85）
　(6) 健康（86）

4．リグノトレンド構法の日本における可能性 …………………………… 87
5．ドイツにおけるリグノトレンド構法による木造ビル ………………… 89
　(1) ドイツ新版建築法令に準拠した初の大型木造建築物（89）
　(2) 吸放湿性に優れる木材による良好な住居気候（91）
　(3) 新版建築法令に基づいた防火性を備える支持構造（92）
　(4) 壁の構造（92）
　(5) 換気制御によるエネルギー・コンセプト（94）

参考資料 ……………………………………………………………………… 97

第1編 産業編
（リグノ技術と関連産業）

1. 山が荒れている ……………………………… 16
2. 地域経済の疲弊とそのメカニズム ………… 21
3. 住宅建設にみる地域経済疲弊の構造 ……… 34
4. リグノトレンド構法とは …………………… 38
5. リグノ哲学が地域経済を変える …………… 42
6. 日本の住宅をどう変える …………………… 50

1. 山が荒れている

(1) 伐採は悪か？

「山の木を伐採することは自然破壊だ」，「人工林が自然を壊している，人間が手を入れない広葉樹林は自然豊か」。こうした俗説が巷にはびこっている。木が生き物である以上，寿命があるし，病気もあるし，事故に相当する山火事や風水害も避けられない。放置しておくことも自然には違いないが，それでは森は荒廃してしまう。森林を適切に整備するためには，伐採した木材の利用を進め，植林し ⟶ 生育し ⟶ 伐採するという循環を確立する必要がある。

ところが化石燃料へのエネルギー転換や輸入木材の利用が増えたことにより，木を伐採して使い，跡地に苗木を植えるという古（いにしえ）からの循環が失われようとしている。国産材の利用は，伐って植える森林づくりのサイクルを維持するための必要条件なのである。「持続可能性（サスティナビリティ）」とは，真新しい概念と思われがちだが，森林を整備し，そこから生産された木材を利用する古からの循環のことなのである。

もちろん，伐採したまま放っておいても森林として再生されないわけではない。飛んできたタネや切り株などからの萌芽や倒木から芽生えた稚苗の生育といった天然の力を利用した「天然生林」という森づくりもないわけではないが，それには長い時間を要するし，その間に笹に覆われたり竹が侵入したりする。人間が手を加えず自然の力を利用した「天然生林」では，次世代の樹木が生長し公益機能を発揮することは困難であろう。

苗木の植林から始める森づくりは，手間のかかるやり方であるが確実に森を作る方法である。伐採や人工林を悪と決めつけられるほど自然は単純ではない。日本の森を守るためには，日本の木を伐採し，使用しなければならないというのは一見逆説的だが，真なのである。ところが，誤った森林観が依然として根強い。

木を植え，下草を刈り，枝打ちをし，伐採した木材を乾燥させ，山からおろして出荷するまでには早くて50年，理想は80〜100年という息の長い事業である。とくに植林後10年間は，毎年下草を刈り，木の成長に応じ間伐しなければならず，手間がかかる時期である。

(2) 低下する林業所得

これまで安い輸入材に圧され，国産材の価格は下落し，多くの林業家は赤字経営を余儀なくされている。林業経営の赤字は，下草刈りや枝打ちや間伐といった手入れをしない森を増やすことになった。手入れをしない森は，暗く，木はやせ細り，土が露出し保水力が失なわれ，雨で土壌が流出する。国内林業は再生産が困難な水準にまで価格が下落したため，林業所得は減少し，木材生産に従事する人は減り，山は一段と荒れるという負の連鎖に陥る。さらに林業の荒廃は，山村という地域社会の荒廃をも招いている。林業家の所得率は，昭和45年の65％から平成12年の24％まで低下している。

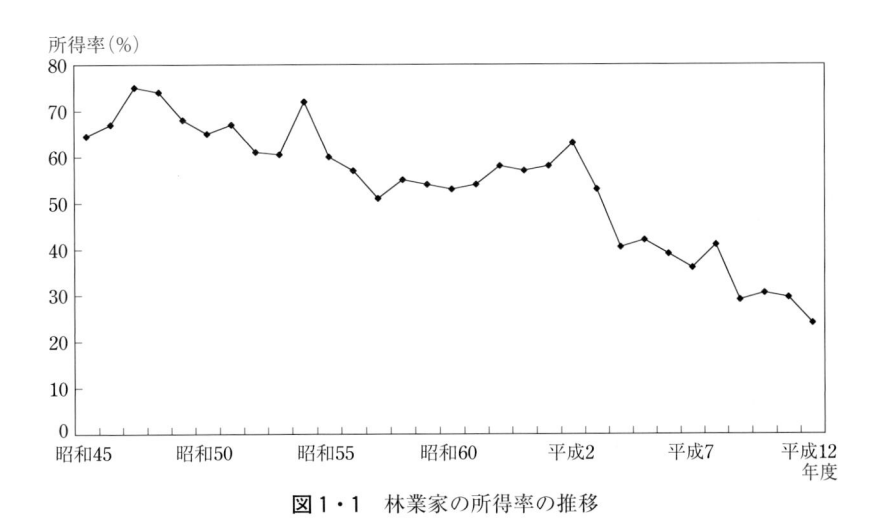

図1・1　林業家の所得率の推移

戦後植林した人工林が伐採期を迎え，国産材が輸入材の価格並みに下落したからといって，国産材が市場を回復したわけではない。意外なことに，安定供給できないことも国産林のネックの一つである。日本では小規模林業家が多いため，必要な時に必要な量を確保できないのである。これまでの過程で，既に崩壊に近い状態までになっている。いまさら大規模化し，低コスト化を実現するだけの供給体制の構築も困難となっているのである。

しかし，国産材の利用は現実に国土の緑化や治山に貢献しているものである。国土面積の67％を森林が占める日本で，国産材の生産が減少し，国内産木材自給率は昭和30年の94.5％から平成13年には18.4％にまで低下した。この間に，わが国の木材供給体制にとって外材依存構造が定着した。外材依存構造は，単に価格だけでなく，安定供給とロットの確保の点で外材が優位に立ったからである。

さらに，最近の傾向として，木材としての輸入でなく，構造用集成材等での製品輸入が中心となり，国内の林業に続いて製材業もその存立基盤が失われようとしている。

(3) 木は二酸化炭素の貯蔵庫

また，森で成長する樹木は，二酸化炭素を吸収し，木の中で貯蔵している。木製品を使うことは，その間，二酸化炭素を閉じ込めておくことになり，地球温暖化防止に大きな役割を果たすことになる。

京都議定書において，平成20年から24年までの温室効果ガス（二酸化炭素等）排出量を，基準年平成2年水準より6％削減することを国際的に約束している。ところがわが国では，平成12年の温室効果ガスの排出量が削減したどころか既に約8％増加し，6％削減の目標を達成するには今から約14％相当の削減が必要となる。京都議定書の運用細目を定めたマラケシュ合意では，森林吸収量の算入の合理性について各国の責任で説明する義務を負うこととされ，森林による吸収量の上限値は，わが国では1300万炭素トン，基準年総排出量比3.9％とされた。これを実現するため，平成15年から平成24年までの「地球温暖化防止森林吸収源10カ年対策」が策定され，日本の森林2500万haのうち1900万haが対象の森林とされた。これらが，植栽，下刈，間伐等きちんと手入れされた森林であれば3.9％と認められることになっているが，実際には，間伐がなかなか進んでいない。

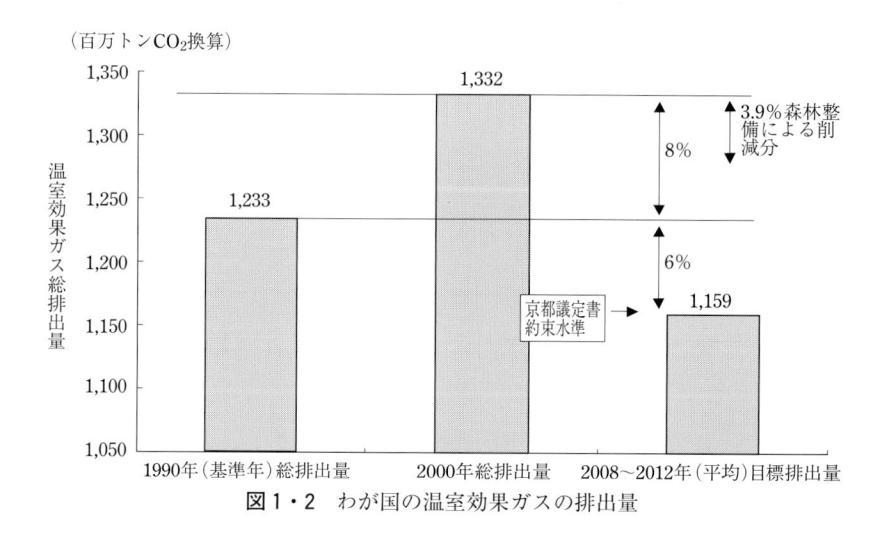

図1・2　わが国の温室効果ガスの排出量

農業において土作りが重要であるのと同様，林業においても土作りが基本である。木が育つ土は，下草や広葉樹が茂り，動植物の種類の多い生物多様

性の森の土であり，それを支えている人間がいるからできることである。森は，樹木だけで成り立つものではない。きのこなどの菌類，下草，植林してもいない潅木など多くの下層植生も森の重要な生態系を構成している。

森林は，人間の生命に不可欠の酸素を供給してくれるばかりでなく，保安林として国土を保全し，水を貯え浄化し，野生鳥獣保護など多様な公益機能を果たしている。しかも，それらは自然の力を利用することで持続可能な「再生可能資源」なのである。

こうした多面的公益機能を森林が担っている一方で，林業の基本は木材生産という経済活動である。したがって，経済活動としての採算性が最も重要である。

立木製材品になるまでの過程を①立木育成段階（伐採時期まで育成）②丸太生産流通段階（丸太生産から製材工場まで）③木材加工流通段階（製材品として加工し，売渡すまで）の3段階に分けて付加価値をみる。杉を例に平成13年の1立方メートルあたりの粗付加価値は，立木育成段階では立木価格の7,047円。丸太生産流通段階では中丸太価格15,700円から立木価格を引いた8,653円。木材加工流通段階では正角価格44,700円に製材歩留まり率65％を掛けた29,055円から中丸太価格を引いた13,355円となる。

木材製品価格の低下が，主として立木価格の下落に最も影響を及ぼし，ピーク時の昭和55年を基準とすると，平成14年には杉の立木価格は24％の水準まで下落した。（平成14年度 図説森林・林業白書）

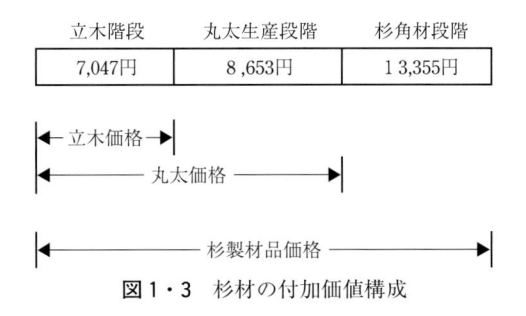

立木階段	丸太生産段階	杉角材段階
7,047円	8,653円	13,355円

|←立木価格→|
|←——丸太価格——→|
|←————杉製品価格————→|

図1・3 杉材の付加価値構成

(4) 伐って植えるサイクルの確立を

伐って植える森林づくりのサイクルは，森林の公益性への思いだけでは実現不可能である。なによりもわれわれ自身のライフスタイルの転換が必要であろう。とくに重要なことは，森林づくりのサイクルを市場メカニズムにのせることである。市場の動きに逆行することは長続きしないからである。

かつて国産材の家はスローライフにふさわしく，建築期間が長かった。つまり「スローライフ住宅」だったのである。伐採してからゆっくり時間をかけて乾燥させ，家が出来上がるまで2年はかかっていた。山で乾燥させ，製材屋や材木屋がそれぞれ乾燥させるための在庫を抱えていた。過大とも思える流通在庫には木材を乾燥させるという重要な役割があった。神社・仏閣のような大規模木造建築になると大きな木材を使うので，乾燥だけでも2～3年かけてきた。しかし今は，これだけの時間をかけることに納得する消費者は少ない。企業経営の上でも流通在庫を出来る限り抱えないことが健全経営とされている。

　一方，需要は，含水率の高いグリーン材から乾燥材に大きくシフトしている。にもかかわらず，その乾燥コストを価格に転嫁し，消費者が負担する仕組みが出来上がっているわけでもないし，また，加工・流通体制も整備の途にある。

2. 地域経済の疲弊とそのメカニズム

(1) 変わる国と地方の関係

　地域経済が疲弊している。それは単にバブルの後遺症だけではない。21世紀を迎え，構造改革によって国と地方のあり方が見直されているからである。かつては大都市圏が成長センターとして日本経済のけん引車役を担っており，中央からの財政トランスファーが地方圏の経済を支えるという構造であった。ところが，国の財政難は財政トランスファーによる地方圏経済の下支えを困難にした。大都市圏と違って，経済基盤が脆弱で官依存の経済体質の強い地方ほど，地方交付税削減の影響を受けている。地方交付税のピークは平成12年度で，以後マイナス続きである。対前年比は平成13年度が－5％，14年度が－4％，15年度が－7.5％，16年度が－6.3％と減少の一途を辿ってきた。これに伴い公共事業に象徴される官依存度の高い地方の経済ほどそのダメージは深い。それに代わるだけの新産業が育っていないのである。

　戦後復興が一段落し，もはや戦後ではないといわれた昭和30年代においては，社会資本整備の遅れが経済活動のボトルネックとなっていた。

　昭和37年の「全国総合開発計画」（全総），昭和44年の「新全国総合開発計画」（新全総）は，大規模工業開発を重点的に進めることに主眼が置かれた。

図1・4　シャッターをおろしたままの商店街（平日正午頃）

昭和52年の「第三次全国総合開発計画」（三全総）では，過疎地域も含めた全市町村が計画の対象とされたが，財政基盤の脆弱な自治体による独自の開発事業展開は困難で，国家財政依存の開発という点では変わらなかった。

　昭和62年の「第四次全国総合開発計画」（四全総）では，新産業の創造がうたわれた。そして本来「五全総」として出されるはずだった「いわゆる五全総」が，「五全総」としてではなく，「21世紀の国土のグランドデザイン」という名称で発表され，地方の自立や自己決定・自己責任が謳われたのが1998年であった。あれから5年以上経っているのに，官依存経済という地方経済特有の経済構造はほとんど変わっていない。見方を変えれば，これだけの国土政策の大転換でありながら，地方圏の側が大転換をどれだけ真剣に受け止め，地方自立の必要性を認識していたかは疑問である。地方の側に何とかなるという中央への甘えにも似た思惑が皆無とは言い切れないだろう。官公需依存の経済構造を定着させ改革への努力を怠ったのだから，当然の報いだという厳しい見方も成り立つのである。

　昭和62年の四全総までは，国主導の地域づくりが展開されてきた。国による開発政策を基軸に地方の側からは国家プロジェクト誘致のための請願が繰り返されてきた。当然そこに政治も加わった。地域の側はあくまでも受身で，国の財政資金をあてこんで霞ヶ関詣でを繰り返してきた。しかし，こうしたスキームが通用したのは四全総までのことである。今日ではこうしたやり方は，歴史的使命を終えたのである。だからこそ，自己決定・自己責任なのである。もちろん霞ヶ関詣でがなくなったわけではない。政治力を背景にした予算獲得から，地域をPRし，地域の新政策をアピールすることで予算を獲得するという方向に変わってきているのであろう。

(2) 地域振興概念のあいまい性

　地域振興とは何か，地域開発とは何か，地域の発展とは何か，地域の活性化とは何か。こうした素朴な質問に答えることは意外に難しいことである。しかし，これら類義語の定義が不明瞭にもかかわらず誰もが知っている言葉であるだけに，何らかの暗黙の共通理解があるようにも思われるが，明確に定義することは困難である。

　筆者自身，全国各地の地域振興計画策定を手伝う過程で「いかなる状態が地域振興であるのか」を地域の住民に絶えず問いかけてきた。返ってきた答えは多様である。地域の人口増加こそが地域振興だとする主張もあれば，商業の売上げだとする主張もある。生活環境の改善こそが地域振興だとする主

張もあれば，インフラ基盤整備だとする主張もある。あたかも景気判断を，どの経済指標ですべきかという議論と似ている。

そこであいまいに使われている地域振興・地域開発に関する類語を整理し，概念を明確にする。

「地域振興」・「地域開発」という言葉と類似の概念を持つ用語として，「地域活性化」，「地域づくり」，「まちづくり」，「まちおこし」，「むらおこし」の言葉がある。

これらの用語をキーワード検索し，時代とともにどのような変遷を辿ってきたのかを検証する。国立国会図書館蔵書のタイトルについてホームページWeb－OPACからキーワード検索した結果が，図1・5である。

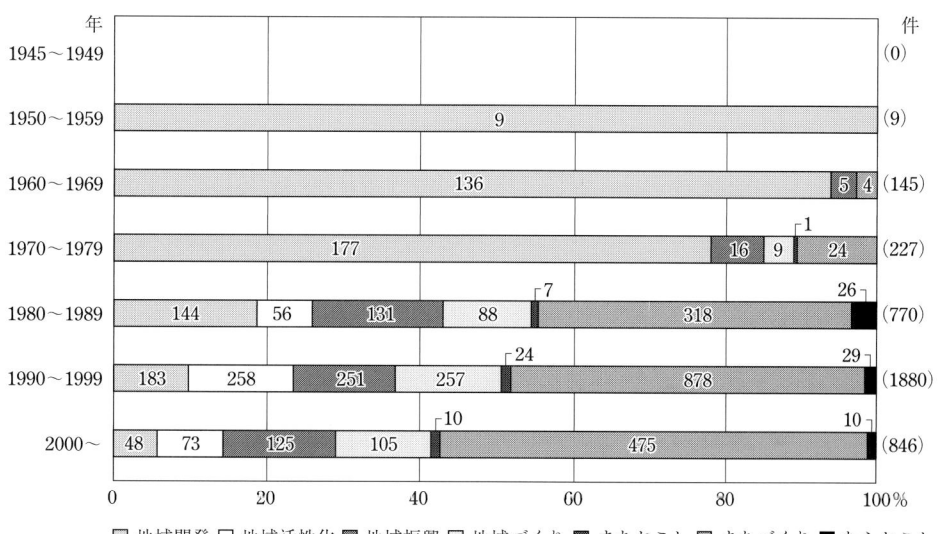

年		件
1945～1949		(0)
1950～1959	9	(9)
1960～1969	136　5 4	(145)
1970～1979	177　16 9 1 24	(227)
1980～1989	144 56 131 88 7 318 26	(770)
1990～1999	183 258 251 257 24 878 29	(1880)
2000～	48 73 125 105 10 475 10	(846)

□ 地域開発 □ 地域活性化 □ 地域振興 □ 地域づくり ■ まちおこし ■ まちづくり ■ むらおこし

図1・5　地域振興関連用語の年代ごとの割合と変遷

(3) 地域開発と地域振興

図1・4から，1980年を境に用語の使われ方が大きく転換していることを知ることができる。1970年代前半までは「地域開発」という用語がもっぱら使われ，他の用語が使われることは少なかった。ところが，1970年代後半以降は用語が多様化し，今日に至っている。最近では「地域開発」という用語の使用は極端に減少し，昭和25年の国土総合開発法に基づき策定された地域計画に使用されるにとどまっている。地方公共団体が独自に策定した計画等の中に「地域開発」という用語が使われることはほとんどなくなり，むしろ忌避される用語となっている。

「地域開発」という用語が忌避され使われなくなった背景には，1970年代初頭の公害問題が指摘されるだろう。当時は，工業開発に伴う大気汚染や水質汚濁が大きな社会問題となり，「開発か環境か」といった二者択一の議論も少なくなかった。こうした中で開発イコール悪であるかのような風潮が広まった。つまり公害問題により「開発」という言葉に負のイメージが定着し，代わって「地域振興」という，価値判断やイメージ判断を含まない中立的な用語が用いられるようになったのである。しかし，「地域振興」も「地域開発」もともに，英語では「regional development」である。

「開発」というと外からの開発というイメージをもたれるが，本来の「開発」の意味はそうではない。伊藤善市氏は，「開発」という用語について日本では「江戸時代前半期に行われた新田開発として使われている」ことが指摘される。「新田開発とは，用水，堤防，干拓，埋立による原野，三角州，潟湖，海岸の耕地開発を意味した……その後物心ともに荒廃した農村を活性化することに成功した二宮尊徳の桜町仕法や日光仕法は，今日の言葉で言えば，コミュニティデベロップメントを意味していた」ことを指摘し「地域問題は単に，経済問題だけにとどまるものではない。それは，社会・文化・政治などの複合的課題」であることを強調している*。

日本では，「regional development」という概念が変わることなく，「地域開発」から「地域振興」へと言葉を変えることで，受ける側のイメージ変化を期待したのである。

(4) 地域活性化

1980年代に入って新たに使われるようになったのが「地域活性化」という用語である。この言葉のルーツは1981年2月にアメリカ合衆国大統領となったR.レーガンの登場まで遡る。レーガン大統領は，「経済再生計画」を打ち出した。具体的には①歳出の伸びの大幅抑制，②多年度にわたる大規模な減税，③政府規制の緩和，④安定的な金融政策－の4つの柱から成り，歳出削減と減税による「小さな政府」の実現とともに規制緩和により民間活力を引き出すことを意図したものであった。1981年夏に景気後退に突入したアメリカ経済は，1982年末には底を打ち，83年に入ってからは実質GNP成長率が上向きに転じる。このアメリカの景気拡大には堅調な民間需要と大幅な連邦財政赤字が寄与し，ドル高下での長期実質金利の高止まりによる大

---

* 伊藤善市著：「地域活性化の戦略」有斐閣／1993年

幅な経常収支赤字と連邦財政赤字という「双子の赤字」という問題を抱えながらの拡大であった。

　こうしたレーガン政権下での「再活性化」(revitalization) がわが国では，「小さな政府」のビジョンよりも「活性化」の方が注目され，経済の再活性化から転じて，地域経済においても「地域活性化」という用語が使われるようになった。例えば，中小企業白書を例にとるとベンチャー企業，ベンチャービジネスが初めて登場したのが昭和58年度の白書においてであり，翌59年度の白書では副題に「新しい流れを拓く中小企業の活力」が掲げられ，「わが国経済の活性化の担い手としてのベンチャービジネス」と賞賛されベンチャー企業への期待が高まった。

(5) まちおこし・むらおこし

　「地域活性化」とほぼ同時期に使われるようになったのが「まちおこし」「むらおこし」である。「まちおこし」・「むらおこし」の言葉のルーツは沖縄である。沖縄では，戦前から「シマおこし」という言葉が使われていた。沖縄において「シマ」には多様な意味がある。琉球大学民俗学研究室公式ホームページに次のような叙述がある。

　　『沖縄語のシマは多義的な言葉である。アイランドという意味ももちろんあるが，同時に歴史的に基本的な単位であったところの村落をも意味する。さらには「わしたシマ　ウチナー」と言えば「我々のシマ沖縄」，「シマー」といえば泡盛に代表される県産品を意味し，「シマ」は沖縄の人間にとってとても愛着の深い言葉である。』*

　つまり，「シマおこし」の「シマ」とは「島」ではなく沖縄における村落共同体である。結（ユイ）のような相互扶助や共同作業等が都市化の過程で崩壊しつつあることへの危機感から，内発型発展論の概念として登場した。戦後のシマおこしの背景には，米軍統治下での諸々の制約や，本土復帰後，本土の大資本参入による開発など外からのある種の外圧があった。これに対抗したのが内発型としての「シマおこし」なのである。

　沖縄をルーツとする「シマおこし」が，沖縄返還後，本土に入り，「まちおこし」「むらおこし」となり，今では普通名詞化している。かつて四万十川での懇談会で，「まちおこしっちゅうことは，わしらが寝っ転がっとるっちゅうことか？」とおどけて発言した方がおられた。「まちおこし」「むらお

＊　琉球大学民族学研究室　公式ホームページ

こし」の「おこし」とは,「興し」であり「起こし」であろうが,基本的に内発型地域振興という概念しか示されていない。

(6) まちづくり・地域づくり

二つの異なった意味をもつ用語は,「まちづくり」「地域づくり」である。例えば,下平尾勲『地域づくり発想と政策』では,「地域づくり」は「regional development」を意味する言葉として用いられている。他方,坂本光司『地域づくりの経済学』では「地域づくり」は都市計画と同様の意味で用いられる。同様に井上裕『まちづくりの経済学』や池上惇他『現代のまちづくり』でも「まちづくり」とは都市計画と同様の意味で用いられている。英語では「urban design」であり「community design」である。

同じ言葉でありながら,都市計画分野で使われる場合と,地域経済分野で使われる場合とでは,全く意味が異なる。

これまで見てきたように,「地域振興」,「地域開発」,「地域活性化」,「地域づくり」,「まちづくり」,「まちおこし」,「むらおこし」など曖昧に使われている。都市計画分野での意味が異なる用語法を除けば,英語では「regional development」であり,共通している。

では,法律において「地域振興」概念は,どのように定義されているのだろうか。

(7) 法律に見る地域振興

法律を見ると,国土総合開発法をはじめとする基本法以下多くの地域振興法が制定されてきた。例えば,条件不利地域の振興立法としては,離島振興法,豪雪地帯対策特別措置法,山村振興法,半島振興法,過疎地域自立促進特別措置法などがあり,地域の自立促進,地域格差の是正,地域の振興,産業の振興,経済力培養など立法趣旨は明確である。

また,それぞれの振興立法の対象地域となる市町村も明確である。ところが,肝心の地域振興については何が地域振興であるのか,なにが産業振興であるのかについて,全く規定されていないのである。

経済の主体は,あくまで民間セクターである。かつての社会主義計画経済でもない限り,国が地域産業振興を各地域に対して約束することは無理である。いや,計画経済ですら市場メカニズムに抗した政策が存続し得ないことはかつての社会主義国の経験から明らかであろう。

そして政策手段は,補助率の引き上げ,地方債の特例,地方交付税の特例,税制上の特例,特別融資制度等の間接的な誘導策である。

五全総に相当する「21世紀の国土のグランドデザイン」では，全総以来の政策目標となっていた「国土の均衡ある発展」が後退した。また，人口や諸機能の東京一極集中を背景とした過密過疎への対応も後退している。しかし，国土の均衡ある発展という政策目標と過密過疎への対応という政策目標とはトレードオフの関係にあり，政策目標としては不整合である。

　一般に経済発展は，戦略産業が戦略的地域で革新（イノベーション）活動により展開される。つまり不均衡成長であり，地域格差が拡大することになる。しかし，その過程で成長地域への人口移動が促進されることで地域格差は縮小することになる。しかし，人口移動による過密過疎問題が新たに発生する。つまり格差是正と過密過疎是正との2つの政策目標の関係はトレードオフの関係にある。地域間の発展速度が異なる以上地域格差是正に人口移動は不可欠であり，過密過疎是正のため人口移動を抑制すれば地域格差は拡大することになる。

　「21世紀のグランドデザイン」策定の過程で，そもそも国が地域計画を作ることに対する反対があった。地域の自己決定・自己責任を一方で謳いながら，他方で依然として国主導による地域計画づくりを続けることの矛盾を指摘したものである。

　立法上，地域振興を定義できないのではなく，自由主義経済である以上，国が地域の発展を約束することはできないという意味なのであって，地域振興をあらわす客観的な経済指標が存在しないという意味ではないのである。

　本来，経済学では，国民経済においては，GDP国内総生産であり，地域経済においては県内総生産という概念でもって，経済の規模をあらわしてきた。地域振興であれ地域開発であれ，単なる抽象概念ではなく，経済学のタームでもって数量的にあらわすことができるにもかかわらず，そうした尺度が用いられることがないのは，地方自治体の政策成果が直接反映するからであろう。

(8) 経済学の理論による中央と地方の関係

　そこで経済学の理論に基づき，地方経済の問題点を分析してみよう。

　地域経済も国民経済同様で，経済の基本フレームは変わらない。国家を単位とした国民経済と大きく異なる点は，統計上，域内域外の漏出が大きいところにある。経済のグローバル化が進んだとはいえ，現実に国境があり，関税があり，経済活動を規制する，あるいは枠組みを決める国家の役割は明確であり，国民経済の活動には関税や法制度等のさまざまな障壁がある。とこ

ろが，地方経済にとって県境，市町村境はほとんど意味をもたない。つまり，地域経済の開放性の故に漏出は避けられず，さらに統計上の誤差等が大きくなるのである。

地域での経済活動の需給関係は，国民経済同様に次の通りである*。

　　　域内総生産 Y ＝民間消費 C ＋民間投資 I ＋財政支出 G
　　　　　　　　　＋移輸出 X －移輸入 M ……………………………(1)

他方，所得分配の点からは次の式となる。

　　　域内総生産 Y ＝民間消費 C ＋民間貯蓄 S ＋税 T……………………(2)

式(1)と式(2)を合わせると，式(3)の恒等式となる。

　　　民間消費 C ＋民間投資 I ＋財政支出 G ＋移輸出 X －移輸入 M
　＝民間消費 C ＋民間貯蓄 S ＋税 T

　　　民間投資 I ＋財政支出 G ＋移輸出 X －移輸入 M ＝民間貯蓄 S ＋税 T
　　　（民間投資 I －民間貯蓄 S）＋（財政支出 G －税 T）
　　　　＋（移輸出 X －移輸入 M）＝0……………………………(3)

この恒等式は，かつて日米構造協議といった日米の政府間協議で使われた恒等式と全く同じである。

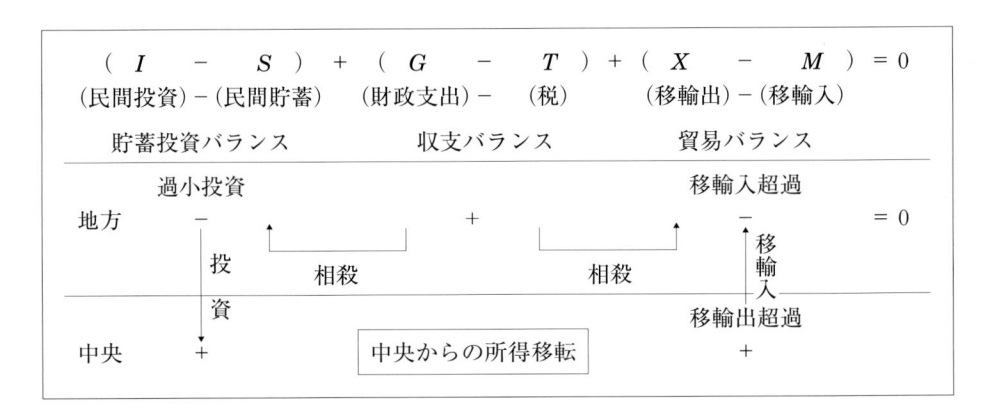

$$(I - S) + (G - T) + (X - M) = 0$$

	（民間投資）－（民間貯蓄）	（財政支出）－（税）	（移輸出）－（移輸入）	
	貯蓄投資バランス	収支バランス	貿易バランス	
地方	過小投資　－	＋	－　移輸入超過	＝ 0
	↓投資　　相殺	相殺	移輸出超過　↑移輸入	
中央	＋	中央からの所得移転	＋	

日米間では，米国が投資バランス（民間投資 I －民間貯蓄 S）と財政支出（財政支出 G －税 T）がプラスで投資超過，財政支出超過であるのに対し，貿易収支（輸出 X －輸入 M）がマイナスである。見方を変えれば，米国経済は財政赤字と貿易収支の赤字を日本からの資金流入で穴埋めしていることになる。

では，この恒等式は，わが国の地域経済にとってどのような経済構造を示しているのだろうか。地域経済といっても厳密に言うと大都市圏と非大都市

＊　林　宜嗣著：「地方分権の経済学」日本評論社／1995 年

圏としての地方圏とでは性格が大きく異なることから，ここでは大都市圏以外の地方圏の経済を，地方経済と呼ぶことにする。

地方経済は，投資機会の不足により民間投資が不足し，民間貯蓄は地方から中央への貸付資金として還流する。したがって，地方では貯蓄投資バランス（民間投資 I －民間貯蓄 S）はマイナスである。他方，貿易収支に相当する域際収支（移輸出 X －移輸入 M）がマイナスであり，それを補っているのが税収を大きく上回る財政支出（財政支出 G －税 T）である。投資不足と移輸出不足による資金不足を中央からの財政トランスファーで賄ってきた。このように域際収支赤字と財政収支赤字という点では，双子の赤字といわれる米国経済と似ている。しかし，双子の赤字を補うのが米国経済では日本からの資金流入という資本収支であるのに対し，日本の地方経済では中央からの財政移転という所得移転なのである。

(9) 地方の自立が困難な理由

中央政府からの財政資金が，地方圏の民間投資不足を補うものとして公共投資に費やされる場合は，社会資本として後世に残るものである。地方圏の公共投資に対し大都市圏からの批判は根強いが，道路や港湾・空港等のストック形成は地方圏での産業活動や生活する上での基盤として不可欠なものである。

問題は中央からの財政資金が域際収支を補塡している場合である。これはフローの支出の穴埋めであり，後世に残るわけでもなければ，地方に残るわけでもない。せっかく地方経済のために支出された財政資金がブーメランのように大都市圏・中央に還流するだけで，地方圏に蓄積されるのは一部分にすぎない。この大都市圏と地方圏との経済の仕組みが変わらない限り，地方圏は永久に自立することはない。

過去の全総から四全総に到るまでの地域政策の基本は，「国土の均衡ある発展」という政策理念が明確に示され，さまざまな施策が行われてきた。それらの施策は適切なものであったし，一定の政策効果も認められる。しかし，上記のような構造を根底から変えるところまではできなかった。

例えば，地方圏での民間投資の不足に対しては，特定地域への誘導をはかる施策が採られてきた。全総の新産業都市をはじめ，テクノポリスやリゾートなどは典型的な大規模開発方式による特定地域への民間投資の誘導策である。このため，これらの地域指定は国土開発という国家的観点からよりも誘致をめぐる政治的な活動に左右されがちであった。しかし，政治的な動きも

あったが，総じて地域の移輸出競争力を高めるという点では一定の成果をおさめた。しかしながら地方経済の多くは，あらゆる産業が立地しているわけではない。フルセット産業型はむしろ大都市圏であり，地方圏の多くは特定産業に特化している場合が少なくない。

そうした地方圏の企業が，移輸出を拡大するための新たなイノベーションを展開したとしても，それに伴い新たな移輸入を増やすことになりかねない。これは，地方圏企業がフルセット産業でないからである。例えば，新しいリンゴジュースの商品開発に成功しても，充填機械や製品のパッケージやデザインを域外からの供給に依存せざるを得ないということになれば，高めたはずの付加価値を上回る域外からの移輸入を増やすことになる。

また，従来地域金融機関の側では，域内の民間貯蓄の多くが大都市圏での民間投資に活用され，域内の民間投資にまわす努力を怠ってきた一面があることも否定できないだろう。一次産品について「地産地消」運動が行われているのと同様に，地方金融機関においても地域で集めたお金を地域で融資する「地金地融」運動への取り組みが必要であろう。

こうした反省に立つならば，単に地方圏の財源不足を中央からの移転所得が埋めるのでなく，地方が自ら投資機会を拡大し，生産力を増し，移輸出競争力を高める方向に転換しなければならないことは明らかである。そこにおける地域金融機関の役割は重要である。

しかも，国の財政が逼迫してきていることから，中央から地方圏への所得移転が急激に縮小しつつあるという制約要因の中で，これらを実現しなければならない。

(10) 地方交付税への依存

地方経済疲弊の原因は一様ではない。かつての産炭地や農山漁村地域などの多くは，地域の基幹産業の衰弱によるものであり，企業城下町もまた地域のモノカルチャー構造基幹産業の脆弱化や海外移転による場合もあろう。しかし，今日多くの地方経済を疲弊させたのは，戦後の日本を支えてきたシステムそのものが機能不全を起こしているからである。その典型が，従来，地方経済を支えてきた地方交付税制度である。

地方交付税制度は，地方自治体の税源の不均衡を調整し，日本国内のどこの自治体も一定の行政サービスを提供できるよう，自治体に財源を保障する制度で，国税のうち所得税，法人税，酒税，消費税，たばこ税の5つにそれぞれ一定率を乗じた額が基本である。ところが，税収不足により国税5税だ

けでは財源不足となったため，特別会計借入金等により補填している。

　この地方交付税交付金に代表される国から地方への移転所得が急速に縮小し，他方，それに代わる新産業が育っていないことが地域経済疲弊の背景にある。新産業の創造どころか，空洞化の進展により地方に立地した誘致企業や既存の製造業もその存立基盤が揺らいでいる。しかし，中央からの移転所得が低下する中で地域の自立は急務となっている。

　東北六県の県税収入を例にとると，法人事業税よりも自動車税が上回っているのが青森，岩手，秋田，山形の4県である。景気に左右されない自動車税が法人事業税を逆転したのが，青森県は平成13年度，岩手・秋田・山形の3県は平成14年度である。

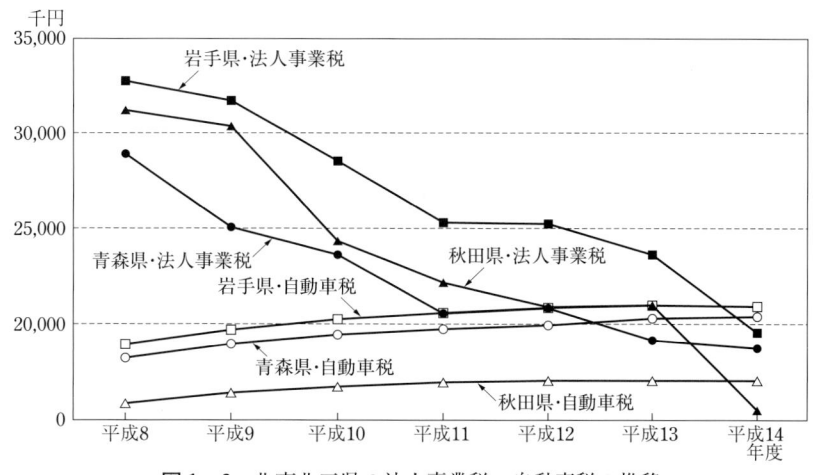

図1・6　北東北三県の法人事業税・自動車税の推移

　税収確保の点からも，地域の自立は急務となっているのである。

　これまでも地域の自立への取組みはなかったわけではない。例えば，大分県の一村一品運動なども地域の自立に向けた取組みの一つである。しかし，厳しい見方をすれば，必ずしもすべて成功しているわけではない。それらの多くは，土産品開発や特産品開発の段階にとどまっており，市場の厳しい洗礼を受けているわけではない。したがって，地域経済をけん引するだけのパワーに乏しいのである。

　20世紀という時代は世界的に産業構造が重化学工業化した時代であった。したがって道路や港湾など産業関連インフラ整備が重要であった。また，企業組織の大型化により中枢管理機能を担う大都市が登場しピラミッド型の地域構造ができあがり，それが効率的に機能していた時代であった。知識や情

報を中心に経済が動く産業社会になると特色ある地域づくりをしておかないと産業も発展しない。インフラ整備にもすれ違いが生じている。大都市ではゆとりのない生活，地方では活気のない生活があり，自然景観の美しさも劣化し，災害に対しても脆弱になっている。加えて，国には知恵だけでなく金もなくなった。

しかし，現実には地域間の経済力格差があり，容易に自立できない。この現実の経済力格差が容認しがたいほどの水準であるのかどうか。自立の障害となるほどの水準であるのかどうか。そうだとしたら，そうした構造をどのように変えるのか。こうした検証が十分になされないまま三位一体改革が進められ，国と地方との関係が大きく変わろうとしている。

地域とは本来，人間が生活する「場」である。その生活を豊かにするために生産活動があり，地域経済を振興させるのであって，経済は人間が生きていくための手段である。経済が目的ではない。

大量生産・大量消費の時代が終わりを告げたと言われる。しかし，本当にそうなっているだろうか。食品会社が全国ネットでテレビCMを流すのはナショナルブランド食品を全国津々浦々にまで売り込むという販売戦略があるからで，地域の大企業依存度はむしろ高まっている。

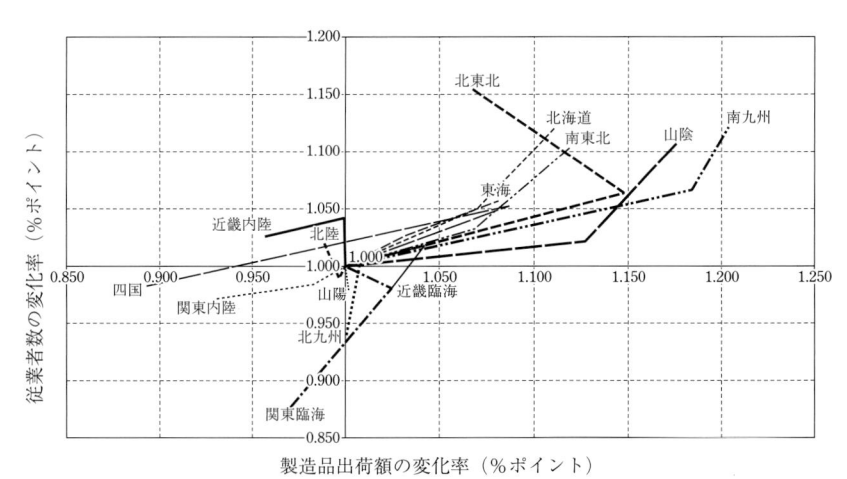

図1・7 大企業への依存度を高める地域経済（通商産業省「工業統計表」により作成）

図は工業統計により，従業者300人以上の製造業事業所のシェアについて縦軸に従業者の変化率，横軸に製造品出荷額の変化率をとり，平成3年を基準年として座標軸の原点におき，平成9年，平成14年という変化を地域ブロックごとに推移を図示したものである。南九州，山陰，北東北，南東北，

東海の各ブロックでは，従業者数でも，出荷額でも大企業依存が強まっている。

⑾ 地域経済自立への道

経済を牽引するリーディング産業が見えない中で，地域毎に知恵を出して新しい産業を起こすことが必要となっているのである。

それでは，どうすればいいのか。先の式での「域内総生産」とは，1年間に地域内の経済主体が創造した付加価値の総計である。つまり第一に，付加価値を高めることが基本である。付加価値を高めない限り，雇用の拡大もなければ，労働条件の向上もありえない。新たな投資も不可能である。したがって企業収益も向上しなければ，納税により地方自治体という地域の公的部門を支えることも不可能なのである。

第二に，域内での経済循環を高めることである。これにより，いわゆる「乗数効果」が高まることになる。では，先に紹介したフルセット型でない産業構造の制約はどうなるのだろうか。現在の地域経済の多くは，47都道府県という行政区分を想定している。だからフルセット産業構造となると大都市圏だけになる。しかし，九州を一つの経済圏，四国を一つの経済圏，東北を一つの経済圏と考えれば，完全なフルセット型産業構造でないにせよ，かなりフルセットに近い構造になる。単独の県での経済循環を考えるのでなく，広域圏での経済循環を考えることが重要なのである。

第三に，移輸出競争力を高めることである。移輸出するためには，競合する他地域の商品よりも価格・品質等何らかの点で優位に立たなければ競争優位にはならない。そのためには，域外の人が望んでいるのはそもそもどういう商品なのかという的確な市場調査が必要であるし，域外の人が継続的に購買してくれるための日々の工夫の積み重ねも不可欠である。これは広義のイノベーションである。地方経済の自立にとって必要なことは，こうした地道な努力の積み重ねである。

3. 住宅建設にみる地域経済疲弊の構造

(1) 地場の中小工務店

では，住宅建設の世界はどうなっているのだろう。景気の低迷に伴う住宅着工件数は減少傾向にあり，中でも地場の中小工務店が，その主たる受注分野としてきた在来構法の木造住宅の着工件数が著しい減少をみせている。他方，テレビのCMや住宅総合展示場を開設した大手ハウスメーカーも，公共建築，大型建築の受注の伸び悩みに伴い，木造注文住宅の比重を高めようとしている。市場が縮小する中で，大手ハウスメーカーは，同社の経済力を活かし低価格戦略を推進している。このような大手との競争圧力にさらされ，地場の中小工務店は厳しい状況におかれている。

本来，住宅は，その地域の気候・風土に適したものであるべきである。したがって地域の事情を熟知した地場の工務店が，住宅作りの担い手として最もふさわしい存在であろう。しかしながら，多くの工務店は，家作りは得意だが顧客とのコミュニケーション技術は高くないことから営業力が弱い。専門の営業マンのように顧客の心をとらえることが不得手なのである。ましてや今日家づくりの主導権を握っているとされる主婦の心をとらえることは至難の業であろう。

したがって，地産地消住宅の最大の担い手であった地場の工務店のパワーが失われ，全国展開している大手ハウスメーカー依存が強まっている。このことは，経済の観点からは，住宅建設という最も大きな買い物をわざわざ大都市圏まで行ってすることと同じことで，地元への経済波及効果は乏しい。

(2) 住宅建設部材

住宅建設に必要とされる部材についても同様である。今日では住宅建設に用いられる部材の多くは，工業製品である。在来構法の木造住宅で，スケルトンといわれる構造部分に木材が使われていても，それ以外の住宅部材，例えばシステムキッチンやバス・トイレなどの水まわり空間だけでなく，屋根や外壁，サッシ，雨樋など住宅の外観を構成する部材のほとんどが工業製品である。これらは，ファッション製品ほど短期間ではないが，一定の流行性が支配しがちであるため，似たような外観の住宅が増え，住宅の外観を見ただけでは，木造住宅なのかプレファブ住宅なのかを見分けることも困難となっている。

住宅部材の多くが工業製品化したことにより，住宅建築に占める資材の域内供給率は低下してきている。かつては窓枠や外壁や風呂など木造住宅に使われてきた木材の多くは，地域で産出されたものであり，もちろん構造材も地域で産出され，製材されたものである。まさに，今でいう「地産地消住宅」が当たり前であった。ところが，工業化住宅部材の生産地の多くは，大都市圏である。システムキッチンやバス・トイレの製造工場の多くが大都市圏に立地しているのは，大需要地に近いという立地特性によるところが大きい。

他方，住宅部材の中で工業製品に置き換わっていないのは，住宅の構造部分に限定される。木造住宅価格に占める構造材の価格は，10-20%とされていて，しかも，住宅における数少ない木材利用である構造材ですら輸入材によって浸食されている。こうなると，地方圏で住宅を建てても，住宅建設に投ぜられた資金のほとんどが大都市圏や海外に流出し，地域での経済循環にはほとんどつながらないということになるのである。これはまさしく前章で指摘した大都市圏と地方圏の関係そのものである。

(3) 青森県にみる地方経済疲弊の構造

こうした構造を，青森県を例に見よう。

青森県の場合，全国に比べ木造住宅の比率は高い。平成14年の新築住宅着工のうち木造率は，全国の44.2%に対し，青森県は68.6%である。しかし，平成12年までは青森県の木造率は80%を超えていたので，ここ数年のうちに急速に木造率が低下したことになる。

「平成7年度青森県産業連関表」の92部門表により同年の青森県林業の県内生産額（40,802百万円）の主な販売先を見ると，製材・木製品（14,921百万円），林業（11,364百万円），パルプ・紙（335百万円），建築（53百万円），土木（143百万円）などの中間需要が27,375百万円，最終需要が24,738百万円，移輸入が11,311百万円である。また，林業における原材料の中間投入と付加価値をみると，中間投入で主要なものは林業（11,364百万円）で，内生部門合計（19,335百万円）の6割を占め，粗付加価値は21,467百万円と高くない。

他方，建築部門における原材料等の中間投入や粗付加価値の構成を見よう。中間投入で主要なものは，製材・木製品（37,765百万円），建設建築用金属製品（39,429百万円），その他の金属製品（12,726百万円），セメント・セメント製品（10,944百万円），商業（44,237百万円），道路輸送（11,309百

万円）などで，内生部門の合計は，262,503百万円である。粗付加価値は226,045百万円，県内生産額は488,548百万円である。

92部門表の「建築」には，住宅建築と非住宅建築とがあり，それぞれ木造と非木造に分かれている。「建築」の県内生産額488,548百万円のうち公共部門によるのが73,198百万円，民間部門によるのが415,350百万円である。したがって，ここでは，「建築」のうち住宅と非住宅の比率を半々とし，住宅の8割を木造住宅とする。

建築部門への原材料供給のうち製材・木製品は37,765百万円であるので，木造建築（195,419百万円）に要する製材・木製品の投入は15,106百万円となる。

(4) リグノトレンド構法によると

リグノトレンド構法は，製材の過程で生ずる端材を住宅の構造部材として活用することができる構法である。端材の市場価格は極端に低く，あるいは処理コストを要する場合には負の価値を有するが，市場メカニズムを活用し，リグノトレンド構法への材料供給を定着させるため流通コストも含め，ここでは，仮に通常価格の半値で買い取るという誘導策を採用するという前提を置くことにする。

これらの前提の下でリグノトレンド構法では，通常の製材品の2分の1の価格で端材を利用するので，仮に木造のすべてがリグノトレンド構法に置き換わった場合は，木造建築部門における中間投入が変化し，粗付加価値額を一定としよう。

この前提に従えば，製材・木製品の投入額は7,553百万円となる。この場合，製材・木製品の中間投入額は変わらないが，投入額7,553百万円の粗付加価値が増加することになる。また，青森県全体の全産業総生産額は7,932,547百万円となり，従来どおりの構法による総生産額よりも1.03倍となる。

木造住宅産業は県内総生産のわずか2.5％のシェアであるが，リグノトレンド構法への転換により県内総生産に対し2.8％の効果をもたらす。

また，産業連関表を利用した別の分析もできる。産業連関表では，ある産業に1単位の最終需要が発生した場合，各産業の生産が最終的にどれだけ必要になるのかという生産波及の大きさを示すのに「逆行列係数」が用いられる。つまり，ある産業に需要が生じた場合，それを満たすために行われる生産は，需要が生じた産業だけでなく，関連する多くの産業においても需要が

生じ，生産活動により生じた雇用者所得が消費支出となって新たな需要が生じ，さらに生産を誘発していく。こうしたプロセスが波及効果である。

　林業においては逆行列係数の総和は，1.4107 である。リグノトレンド構法により林業に新たに 10 億円の最終需要が発生した場合，県経済には 10 億円の直接効果に加えて 4.1 億円が間接的に誘発されたことになる。県内生産額に占める林業のシェアはわずか 0.5％ にしかすぎないが，林業の波及効果は 1.41 倍と大きい。日本が高生産性を誇る電気機械，輸送用機械，精密機械など高付加価値産業に比べて林業の波及効果が大きいのは，青森という地域経済において関連産業との連携が深いからである。

　このように，住宅建設という裾野の広い産業分野で，木をふんだんに使う構法であるリグノトレンド構法のもたらす地域経済への波及効果は少なくない。

4. リグノトレンド構法とは

　リグノ（LIGNO）とは，英語の LIGNEOUS に相当するドイツ語で，木質とか植物系を意味している。

　「リグノトレンド構法」は，ドイツ木質構造委員会議長でありカールスルーエ工科大学のブラース教授とリグノトレンド社との協働により誕生した最先端の木造技術である。詳細は第2編に譲り，ここではその特徴を紹介しよう。

(1) 徹底した乾燥と端材利用

　その特色の第一は，「端材利用による最適居住環境住宅」ということになるであろう。

　「リグノトレンド構法」では，木がふんだんに使われている。しかしここで使われている部材のほとんどは，高値で取引きされる数少ないA級品の部材ではない。使われているのはことごとく市場価格の低い小部材であるが，徹底して含水率を下げている（9±2%）ところが特徴である。乾燥させた木は，ハイテク部品並みの精度を追求することができるからである。日本では木材というとローテクの代表のように誤解されがちであるが，徹底して乾燥させることにより高精度を実現できる。しかも，「リグノトレンド構法」が使用する小部材は，例えば，厚さ20ミリの板状にして保管することによって3%程度までは自然乾燥できるため，乾燥コストを大幅に削減することができる。

　この乾燥した小部材を格子状に並べ，かつ空間をとることで木材の断面性能を上げ，ホルムアルデヒドを発生させない接着剤で各層を十字型に接着，複合パネル化したのがリグノ技術による壁パネルである。

　他方，乾燥した小部材を格子状に並べ，パネルの上に板材を縦に積層したのが床パネルである。これらは，節をそのまま残したままでも，強度の上から全く問題がないし，板材を自然乾燥した際に反りが生じても，パネル製造段階でカバーできる。「リグノトレンド構法」では，このような難点を抱えた小部材を利用できるのである。つまり，通常の集成材では使えない節の多いB級材を使うことができる。

　また，軸組構法のような柱や梁は不要で，壁面で強度を確保することも「リグノトレンド構法」の特色の一つである。この点では，一見「ツー・バ

イ・フォー」と似ているが，「リグノトレンド構法」では，立派な木材を使わずに，端材だけを使って，高い強度を実現できることが特色なのである。

「リグノトレンド構法」が驚異的な強度を実現しているのは，理由がある。木造住宅構法のテキストによれば，木材の長所は強度の大きいこと，短所は裂けやすいことが指摘されている*。木材の持つ強度の大きさとは，繊維方向の圧縮強さであり，その強度は普通のコンクリートに劣らないとされている。圧縮力だけではない。引張り力にも強いのが木材である。しかしながら，それらの長所は，繊維方向に裂けやすいという短所と表裏一体の関係にある。こうした木材のもつ長所である木質の繊維方向をクロスさせることで方向性をなくしたことにより短所を克服し，壁倍率6.5倍という驚異的な高強度の実現に成功したのである。

(2) 有開口壁倍率3を実現

こうした「リグノトレンド構法」の特色は耐震性の点にも示されている。従来の木造建築では，柱と梁で架構を構成し，柱と柱の間に筋交いや壁をはめこむことで耐震性を確保していた。耐力壁の耐力係数は2程度である。しかも，接合部分が弱点となって，壁の有無により偏心やねじれが発生し，それらが弱点となって破壊を早めるおそれもあった。

これに対し「リグノトレンド構法」では，柱や梁を使用せず耐震性に優れた壁パネルだけで構成され，直交方向の壁が作用するのでねじれや引き抜きにも抵抗する。壁パネルの耐力係数は5にもなる。また，デッキ（床パネル）が厚く，剛強なパネルで構成されていることから，デッキが地震力を周囲の壁パネルに均等に分散する役割を果たし，しっかりと壁パネルをまとめていることから，耐震壁としては地震に強い構造となっており，補強の必要がない。

また，パネルの構成要素も釘や金物でなく接着剤を使って部材同士が剛強に接合されているので，接合部が弱点となって破壊されることもない。壁構成材として優れた耐震性があるので，壁パネルを通常の木造建築物の耐震壁として柱と柱の間に用いることもできる。

特に，杉を利用した開口壁パネルの壁倍率で3を実現した点は，杉の間伐材利用の可能性を示唆するものであり，同時に設計の自由度を広げるものである。（詳細は，第2編を参照）

---

* 坂本　功編著：「新版 木造住宅構法」市ヶ谷出版社／2003年

(3) デッキによる延焼防止と遮音効果

「リグノトレンド構法」固有の耐火性として指摘できることは，厚さ222ミリという分厚い床パネルの存在である。この分厚い床パネルは，1階部分の天井であると同時に，2階部分の床になる。この床パネルに，多量の木材が使われていることから，階上階下間の延焼防止効果が認められ，優れた耐火性を発揮することができる。この特性は，低層の木造ビル建設や木造マンションの建設に道を拓くものである。

また，「リグノトレンド構法」は，遮音性の点でも優れている。壁パネルにせよ，床パネルにせよ，多量の木材を使用している。これに加えて，衝撃吸収パッキン材を使用したり，床パネルの空隙部に緩衝材を敷き詰めることで遮音効果は一層高められる（八戸工業大学実験）。

遮音性の確保は耐火性同様，低層の木造ビルや木造マンションの建設に道を拓くものである。

(4) 8mの空間確保が生む設計の自由度

大量の木材を使用している床デッキパネルは，222mmm厚で6m，282mm厚では8mという許容スパンが得られる。これにより柱や耐力壁のような支えが少なくてすみ，大きな空間が確保できる。ちなみにドイツでは18mというスパンが認められている。こうした許容スパンの拡大は，設計の自由度を飛躍的に高めることになる。

(5) パネルの通気性が住宅の耐久性を高める

「リグノトレンド構法」は，湿気の多い日本の気候にとって最適の住宅技術である。ドイツでは「気候木造住宅」（Klimaholzhaus）と呼ばれているが，高温多湿の日本にこそ最適の居住環境を実現する住宅となるであろう。それは，パネル自体に通気層が十分確保され，蒸気が拡散されるため，壁内部に結露が発生することなく，木材の調湿機能が十分に作用するからである。

湿気が滞留しないことから木材の腐食が起こることも少なくなる。通気性の確保が木の欠点を補ってくれるのである。ドイツでは，100年以上の耐久性が確保されている。

こうした住宅の耐久性は，わが国にも本格的な中古住宅市場を形成する推進力になるであろう。日本と米国の人口千人あたりの中古住宅流通量を比較すると日本は米国の約20分の1の規模にすぎない。また，日本の住宅総数5025万戸は世帯総数4400万世帯を上回り，量では充足しているが一人当たりの住宅床面積は英独仏の8割の水準で，住宅の質の向上がわが国の住宅政

策にとって最大課題となっているからである。(2003年国土交通白書)

(6) 木を楽しむ環境住宅

「リグノトレンド構法」は，健康に配慮された環境住宅という点でもすぐれている。木材を多量に使っていることから，木材の蒸気拡散機能と吸収機能により快適な室内環境が実現する。

木は絶えず生えかわり，成長段階でも加工段階でも環境負荷となる廃棄物をつくることもないし，地球温暖化をもたらす大気中の二酸化炭素を吸収，固定することで成長している。木を建築物として利用する時だけでなく，解体する場合でも古材として再利用できるし，最後はバクテリアにより分解されることになる。仮に燃料としてエネルギー利用した場合でも二酸化炭素と水に戻るが，その二酸化炭素は，もともと大気中にあったものが再放出されるだけなので，化石燃料により新たに二酸化炭素が放出されるのとは全く事情が異なる。これがカーボン・ニュートラルである。

(7) 杉利用拡大の可能性

これまで見てきたような特色を擁する「リグノトレンド構法」は，わが国の杉の間伐材等の端材を，住宅の構造材として利用できるという点で，わが国の林業にとって朗報となるものである。戦後，植林された各地の杉が伐採期を迎えているにもかかわらず伐採が手控えられたり，大量の間伐材が利用されるあてのないまま放置されている今日，荒廃した山を救い，存立基盤が失われている製材業を復活させることが期待される。

杉の間伐材の活用だけでなく，変形しやすいという杉の技術面での欠点を「リグノトレンド構法」というパネル構法が克服したことの意義は大きい。

5．リグノ哲学が地域経済を変える

(1) ネットワーク組織による成長 ― 地方分権型経済

　リグノは単なる木質パネル構法技術にとどまるものではない。ドイツでの事業展開にあたってリグノトレンド社は，「10の哲学」を明確に示し，ドイツやスイスの各地に哲学への共鳴者を増やし，パートナーとしながら事業を展開してきたのである。

　リグノトレンド社のエッケルト社長が，木材の小片を接着剤で格子状につなぎパネル化するアイデアから事業を構想したのが1992年，翌1993年には事業化に取組みライセンスを取得，オーストリアで工場生産を開始した。1995年には，「気候木造住宅」としてロゴマークも含めて商標として登録した。1998年，現在の地，スイス国境に近いヴァイルハイム州バンホルツ郡で床パネルの生産を開始し，翌年には壁パネルも本格生産を開始した。1日に2棟分のパネル生産能力を有する。

　現在，工場は20名の従業員が2交代で勤務している。本社は10名の社員が市場開発，営業，事務を担当している。

　10の哲学とは別に，ドイツのリグノトレンド社の基本は，大企業でなく，各地域にパートナーを作り，ともに成長してきた。10の哲学をパートナーに理解してもらうため，リグノトレンドアカデミーを設け，既にドイツ・スイスの各地に100を超えるパートナー組織ができている。特定のパートナーが飛びぬけて大きな売上を上げることなく，多くのパートナーが地域の住宅建設を支えるような配慮がなされている。現在の年間売上げは約100億円である。

　そこには，リグノトレンド社をピラミッドの頂点にし，各地に支店・支社を配して成長するという思想は見られない。各地に「10の哲学」を共有するパートナーが，設計者・建築士が連携し，ネットワーク組織として成長してきたのである。こうした事業展開のスタイルが，「地方分権型経済ドイツ」を象徴しているのである。そこには，日本のように大都市圏にある巨大ハウスメーカー中心のピラミッド構造の思想は見られない。ドイツのリグノトレンド社は，大都市に立地しているわけではないし，本社を大きくするという考えもない。以下に要約した「10の哲学」（詳細は第二部参照）を理解し，納得する仲間を増やしながらドイツ各地の木材を活用し木造住宅を建てると

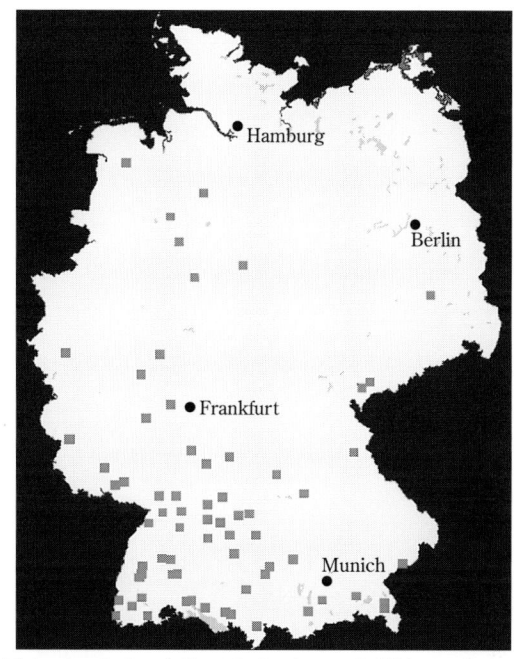

図1・8　ドイツ各地のリグノトレンド構法パートナー

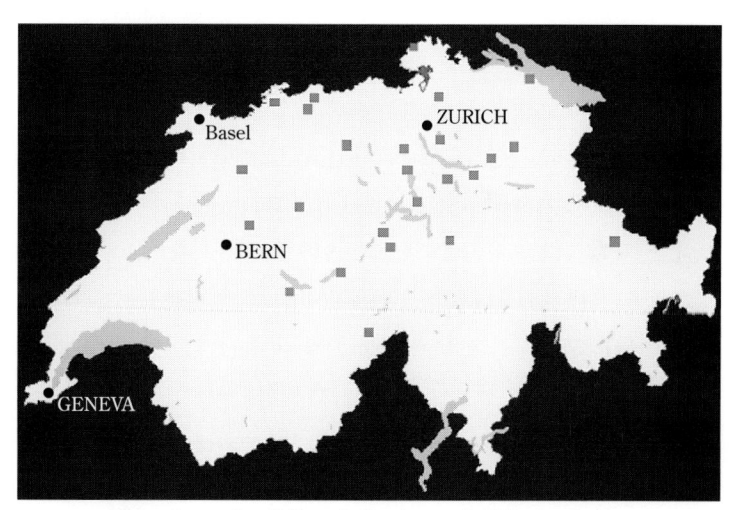

図1・9　スイス各地のリグノトレンド構法パートナー

という「地産地消」住宅づくり運動を展開してきたといってよいだろう。

(2) 成長を支える10の哲学

第一は，木壁により蒸気の拡散という物理的制御を実現した「天候に左右されない住宅」である。

木造建築が傷むのは，密閉性の甘い部分に水蒸気が滞留することによるものである。蒸気を拡散させることで木材の腐食を防ぎ，住宅を長持ちさせる

だけでなく，爽快な生活をも実現した。これは湿気の高い日本の夏に最も適した講法でもある。

第二は，木の良さとして快適性を実現した「健康住宅」である。

身体と精神とこころにとっての快適さは，温度や湿度や遮音性だけでなく，素材の外観や香りなどがその構成要素である。木の香りと天然素材としての美しさが相まって，心地よさ快適さを高めてくれる。こうした家をウィーンの建築家フンデルトヴァッサーは「人間の第三の皮膚」と名づけた。第一の皮膚とは人間のもつ膚であり，第二の皮膚とは人間が身につけている衣服であり。第三の皮膚とは生活している住まいのことである。人間は，3つの皮膚を通じて快適さを感じているというわけである。

第三は，化学物質を使わず有害生物から家を守る講法である。パネル製作には，ホルムアルデヒドやVOCを発生しない接着剤を用いている。加えて防カビ剤や防蟻剤も排除している。

第四は，多様な質や形の建築を実現する工法である。

4層の壁パネルを例にとると，屋外側外装には，耐気候性の他，成型やメンテナンスのしやすさが要求される。しかもそれらは，デザインやコストに対し柔軟性がある。

第五は，標準化した部材を工場で生産するため，計画生産が容易で合理的な施工が可能である。計画や竣工を容易にする構法なのである。

第六は，木材という最適の建築材料を使って建設する構法である。

木材は，断熱性，吸湿性・放湿性，遮音性，耐火性，美観に優れているばかりでなく，二酸化炭素の生態系収支においても優れていることはいうまでもない。

第七は，居住者はもちろん，工事中の施工者の健康にも配慮した構法である。

第八は，生態系に配慮した構法である。

パネル製作に使われるのは，大量の木材の端材であり，構法全体が環境や生態系に配慮されたものである。

第九は，適正価格で最高の価値ある住宅を提供することが事業コンセプトである。

住宅の価値が持続することを重視しているのである。

第十は，満足した顧客の口コミ宣伝こそがすべてと，人から人へのコミュニケーションを重視することである。

環境・生態系に配慮した住まいの理念と，実際にそこに住んで体感した気候木造住宅の快適さを口伝に伝え，次世代に伝えることが環境問題に取り組むことになると考えているのである。

リグノトレンド構法の正規の資格をもった施工業者がドイツやスイスの各地にいる。彼らの設計支援・営業支援ツールとしてCD-ROMが提供され，知識データバンクとして活用されている。顧客が感動を知人に宣伝してくれる口コミこそがリグノトレンド社にとって重要な経営目標となっているのである。

このような，リグノトレンド構法のドイツでのビジネス展開方式は，日本でビジネス展開する上で重要な示唆を与えてくれる。すなわち，本社を中心に各地にピラミッド組織をつくる事業展開でなく，各地に「10の哲学」や技術を共有するビジネスパートナーを見出し，彼らと連携しながら，ネットワーク型組織としてビジネス展開していく方式である。

(3) 社会システムとしてのリグノ構法

これまで見てきたように，今日，山が荒廃し，製材業の存立基盤が失われ，地場の工務店が仕事を失っている。しかし，リグノトレンド構法は，単なる木造住宅構法・技術にとどまらず，林業と製材業と工務店を連携させる社会システムなのである。

日本の各地に万遍なく存在する杉の間伐材等のB級材を活用することは，森林を再生することにつながり，地場の製材業にビジネスチャンスを提供し，地場の工務店にとっては大手ハウスメーカーに対抗する技術を得ることになる。

林業，製材業，工務店をつなぐ鍵は設計士であろう。これについては最後に詳述する。

(4) 木造住宅産業クラスター形成による地域再生

地域経済再生が喫緊の課題となっている。しかしながら，地域再生計画として示された各地からの提案は，経済効果という点からは疑問を持たざるとえない計画も少なくない。地域経済を支え世界に通用する新事業の創出と産業クラスターの形成が急がれている。ここでは，ドイツの最先端木造技術を活用した「木造住宅産業クラスター」の形成による地域再生を提案したい。

「産業クラスター」とは，比較優位にある地域産業を核にし，そこから派生する関連産業間の技術や人材，ノウハウなどの結びつきを強化し，集積の利益を享受しながら産業群の優位性を発揮する概念である。クラスターとは，

ブドウの房を意味する。

　ハーバード・ビジネススクールのマイケル・ポーター教授が『国の競争優位』という著作の中で展開した概念が「産業クラスター」である。国や地域の競争力を調査した実証分析の結果,「競争優位は経営資源を活用する際の優れた生産性から生まれる。そして,ある地域に持続的な競争優位が生まれるのは,より高いレベルを目指し競争手法を革新・向上させる力が働くからである」と結論づけた。産業クラスターは,企業に規模の経済を享受し,取引・物流・在庫等の調達コストを低減するという従来の産業集積のメリットにとどまるものでなく,地域産業の内発的なイノベーション(革新)を促進し競争力を高めていく機能こそが注目されている。例えば,シリコンバレーでは,新しい起業アイデアや革新的なサービスや製品を連鎖的・相乗的に生み出し続ける集積効果が見られるのは,そこに関連企業や大学・研究機関などが密接な連携を保ち,地域全体の学習能力を高める環境条件が整備されているからである。

　こうした「産業クラスター」の革新的な側面が高く評価されたから,産業振興策の柱として注目されるに到った。

　経済産業省では,2001年から「地域再生産業集積計画」を,文部科学省では2002年から「地域革新技術創出事業」を開始した。こうした動向は,産業クラスターのもつイノベーション機能への期待からであろう。

　M.ポーターのいう産業クラスターとは,「特定分野における関連企業,専門性の高い供給業者,サービス提供者,関連業界に属する企業,関連機関(大学,業界団体など)が地理的に集中し,競争しつつ同時に協力している状態」のことである。そして,産業クラスターには次の4つの集積形態があることを指摘している。

　① カリフォルニアのワインクラスターに代表される同一産業内の上流から下流までの集積
　② イタリアの服飾クラスターに代表されるファッションデザインや優れた原材料供給を含めた関連産業の補完的集積
　③ フィラデルフィアの医療品産業に代表される同業者の代替的集積
　④ 基盤技術等で高生産性を維持し技術革新を実現する部品製造業の集積

　産業クラスター分析のポイントは,クラスターの構成要素と要素間関係の把握にある。最初に集積状況を把握できたなら,それらの要素がどのような垂直的連鎖によって関連付けられているのかにある。単に木材の集産地だか

らといってクラスターが形成されているわけではない。重要なことは，そこでどのようなイノベーションがおこり，競争優位に立っているかということである。

例えば，国内林業と製材業の関係は，かつては密接な垂直連鎖の関係にあったが，製材業が海外からの輸入材に依存するようになり，やがて海外からは丸太でなく木製品として輸入されるようになると，連鎖どころか国内製材業の存立基盤が失われつつある。

わが国では，健康志向を背景にシックハウス症候群に対する不安感が高まり，木造住宅産業にとっては，追い風のはずであるが，こうした外部環境を木造住宅産業が十分活かしきっているとはいえない状況にある。

リグノ構法のビジネス展開は，分権型社会ドイツを象徴するように分権型組織として成長してきた。リグノ技術をわが国に導入してきたのは，たまたま青森企業であるが，北海道は北海道，九州は九州と各ブロック単位で，近隣からの端材間伐材等をかき集め，リグノ構法の事業化に取り組むことが期待される。さらに，ドイツで生まれたリグノ構法が日本でさらなる進化を遂げることも期待される。わが国の住宅事情，住宅産業，ビジネス慣行等に適合するための商品開発である。これらを実現するためには，林業，製材業という狭い連携ではなく，木材加工，生態系，住宅供給企業，試験研究機関等の多様な関連産業の集積が求められる。ドイツで生まれた技術を日本でどのように生かすのかは，わが国の杉の活用という狭い観点からだけでなく，日本人の住宅観など大きな変革が期待されているのである。

昭和30年代まで全国各地に存在した木材産地の多くは，木材を中心とした産業クラスターを形成していた。木材を中心に川上から川下までの産業集積が形成され，試験研究機関や大学が研究開発を支援し，地域の第二次産業，第三次産業にまで大きな波及効果をもたらしていた。こうした産業クラスターの痕跡は，能代市（秋田県）や都城市（宮崎県）に見出すことができる。今日，住宅部材の多くが工業製品と化した現状では，かつてのような木材を中心とした産業クラスターの形成は困難であろうが，形を変えた産業クラスターの形成は可能であろう。例えば，リグノトレンド構法を活用し，木材の含水率を徹底して下げることで，「木」の工業製品化を実現し，先端産業としての製材業を確立することも可能であろう。それは同時に環境産業でもある。木を乾燥させるための方法はきわめてシンプルである。厚さ2cm程度の板材を量産化し，自然乾燥させることでよい。多くの産地では木材を乾燥

させるため大変なコストをかけている。また，立ち木のまま乾燥させるため周囲に除草剤を散布する方法まで研究されているが，環境にやさしい手法とはいえないであろう。低コストでの木材乾燥には，最も伝統的なやり方が有効であり，それはリグノトレンド構法にとって最適な方法なのである。

山の再生は，地域の関連産業の活況につながり，地域経済の再生に貢献するものである。

(5) 求められる新しい価値観

今は，まさしく時代の転換期である。新しい価値観が求められている。住宅のあり方，生活のあり方等多岐にわたる。

これまで住宅の取得は第一に予算があり，ともすれば快適性，安全性，フレキシビリティなどはないがしろにされてきた。一般的には価格が重要視され，みせかけとも言われかねないような坪単価で安さをアピールしてきた。特に住宅の一次取得者ほど価格は重要な要因であろう。しかし，今日の価格破壊が住宅の品質を低下させたり，快適さを犠牲にするなら，単なる価格競争だけではない。快適さのようないわゆる非価格要因が重要になるであろう。

住宅は一生に一度の大きな買い物といわれながら，日本では耐用年数はせいぜい25年，一生働いてローンを払い終わった頃には建替えなければならない。こうした使い捨て住宅を前提とした日本の住宅市場は異常ではないだろうか。

アメリカでは，新築よりも高い中古住宅が少なくない。そして，新築着工数の26倍の中古住宅が売買されている。ところが日本では，築20年も経つと資産価値はゼロに等しい。ゼロならまだしも撤去費用を考えるとマイナスになる。更地の方が，利用価値が高いからである。

野村総合研究所のエコノミストであるリチャード・クー氏は『デフレとバランスシート不況の経済学』の中で，「日本では公共事業の無駄が指摘されているが，寿命の短い民間住宅こそ無駄ではないか」と主張する。

日米の違いは一体どこからくるのだろうか。理由は2つある。第一は，日本の住宅の質が低いからである。とくに躯体構造や木材使用量の点で違いが著しい。第二の違いは，木造住宅に手入れするかしないかの違いである。アメリカでは，家計支出のうちかなりの部分が住宅のメンテナンスに振り向けられる。DIYショップの隆盛は，こうした住宅のメンテナンス需要に応える中から生まれた。家を手入れしお金をかけることにより，アメリカでは，中古住宅の資産価値が高まり，転売する中古住宅市場が形成されている。

他方，日本では木造住宅に手入れをするという考え方が急速に失われつつある。日本では，工務店が例えば盆暮れなど定期的に訪問し，住宅の不具合を直してきた，日本でもアメリカ同様DIYショップが隆盛だが，中古住宅の資産価値を高めるための投資とはなっていないだろう。

中古住宅となった時の資産価値を考えれば，例えば，坪単価のようなみせかけの価格競争からライフサイクルも考慮した長期的な価格比較をすべきではないだろうか。

木の良さを味わえるのは，日本では最高の贅沢になっている。木の色調や香りを楽しむことができれば，家に居ることこそが至福のひとときになる。

しかも，一般に消費者は，移り気でわがままな存在である。そのわがままな消費者とどう向き合うかが重要であろう。消費者のわがままは，専門知識の欠如とも関連している。消費者に正しい情報を提供し，消費者教育を同時に行うことも重要である。

6. 日本の住宅をどう変える

　リグノトレンド構法がすぐれた強度を有することは既に述べたとおりである。しかもその強度は，一般住宅には余りある強度であることから，低層の木造ビル，木造マンションの建設に道を拓くものといえる。この点については，第二部で論じられているので，ここでは一般住宅の可能性を検討しよう。

(1) ハーフビルド住宅を楽しむ

　一般住宅市場停滞の最大理由は，個人所得の伸びが期待できず，将来の不確実要因の高まりにより，生活設計が長期になるほど困難になっていることがあげられる。加えて，各産業の中で企業の勝ち組・負け組みが明確化し，そのことが個人の労働条件に色濃く反映されるようになったことも指摘できよう。

　こうしたことをもって日本的雇用システムの変更という見方が一般的だが，パート，派遣労働者，契約社員などの「非正社員」が急増しているだけでなく，非正社員の職務の中身が高度化し基幹社員化している。総務省の「就業構造基本調査」では，日本経済が雇用者に占める「非正規就業者」の割合は，1997年から2002年の5年間に男子は10.1％から14.8％に，女子は42.2％から50.7％に急増している。日本経済が改革に取り組まなかった1990年代は，失われた10年といわれるが，雇用システムは確実に変わってきているのである。

　では，将来所得の伸びが期待できない「非正社員」層は，住宅を取得することは不可能なのだろうか。潜在需要があるにもかかわらず，現実の需要とはなりえないのだろうか。たとえ所得は限られていても，自由な時間の多い男性が増えているのではなかろうか。このことは，従来，非正社員の中心は女子であったが，男子非正社員の増加によるものであろう。事実，書店には，男の生き方，男の料理，男のこだわり生活など男性向けの時間消費型生活雑誌があふれるようになっている。男はひたすら外で仕事し，家庭を犠牲にすることもいとわなかったかつての価値観が大きく変わろうとしているということであろう。

　そこで提案するのが，ハーフビルドの手作り住宅市場の形成にリグノトレンド構法が貢献しうることである。これまでも手作り住宅がなかったわけではない。しかし，これまでの手づくり住宅の担い手は，セミプロに近い器用

な人たちであったり，住宅建築と何らかのかかわりを持った人たちであった。ところが今，手づくり住宅を必要としているのは普通の人であり，これまでの職業生活の中で，特に住宅建築とかかわりを持たなかった人たちである。そういう素人が手づくり住宅に取り組む最大のネックは，スケルトンといわれる構造部分である。最近住宅を，「スケルトン＆インフィル」と分けて考える提案がなされている。スケルトンとは高い耐久性をもつ躯体部分の構造である。インフィルは構造と全く関係しない可変性をもつ部分である。スケルトンといわれる構造とインフィルといわれる設備・内装に分けて考えると，基礎工事も含めた構造部は，素人の最も不得手な部分であろう。インフィルでも大掛かりな設備工事は専門業者の仕事である。工務店がつくる家の場合でも設備工事は専門業者に依頼している。ところが，内装については，素人でも比較的容易であろう。事実，ホームセンターにはさまざまな資材や道具が用意されているし，店員からのアドバイス，説明書きも用意されている。

　だとすれば，リグノトレンド構法でスケルトンをわずか数日で完成させれば，残りは手づくり住宅として暇をみながら家族と一緒に家づくりを楽しむことができる。これは，働く父親の後姿を子供に示すことができ，家庭における父親の存在感を示すことができ，父親の復権にもつながるものとなろう。これが新しいハーフビルドの家づくりである。

　もう少し正確にいうと，手づくり住宅を建てたい人は，最初に設計士に相談すべきである。そこで，設計図面の作成とともに，基礎工事，躯体工事，設備工事という専門家の担う工事の施工管理を依頼する。そこまでプロがやってくれれば住むことはできる。あとは自分たちで週末や空いた時間を見つけながら，家族とともに内装工事を楽しむ時間となる。

　表紙に用いられた写真は，内装をほどこさず壁パネルがむき出しの状態になっている。これでも十分に機能するし，美しくもある。

　3000万円の一戸建ては高嶺の花でも1000万円程度なら負担できるという新しい住宅取得層に対し，安普請の住宅でなく，しっかりした構造の住宅を供給することは，わが国の住宅政策にとっても重要であろう。

　しかもこうしてできたリグノトレンド構法による手づくり住宅は，内壁が構造強度とは関係のないインフィルと位置づけられるので，家族構成の変化等によりパーテションのように簡単に取り外しや設置が可能である。

　こうした高品質の手作り木造住宅建設に対しては公庫融資の道を拓くことが急がれるであろう。これは，景気対策としても有力な施策となろう。

図1・10　むき出しの壁パネル

(2) 首都圏で建てる800万円手づくり住宅

　土地が確保されているならば，首都圏でもハーフビルドの手づくり住宅を800万円で建てることができる。ここで手作り住宅というのは，素人でもできる手づくり住宅のことである。

　手作り住宅の作り手はアマチュアであるから，住宅の基礎となる土台や躯体構造，上下水道まわりや電気の屋内配線，ガスの配管などはプロの専門業者に任せたほうが良いだろう。DIYと言われるホームセンターには，これらの材料がそろえられ，教えてくれるので，素人でもできるかもしれないが，これらの工事には，公的資格を要することも多いことから専門の工事業者に任せるべきであろう。

　家の構造にとって重要なことは，基礎と躯体がしっかりしていることである。屋根や外壁仕上げ材などは，予算に応じた選択が可能である。

　木造一戸建て住宅だからといってすべて大工が作ってきたわけではない。大工が作るのは建物の本体工事といわれる躯体構造を中心とした部分で，電気工事，台所トイレ等の上下水道関係はそれぞれ専門の工事業者が担当する。木造住宅の坪単価計算には，これらは別途工事費として除外され，単価計算の分子に組み込まれているのは，一般に本体工事費といわれる部分に限定される。これは，大工が担ってきた本体工事費が建築費とほぼ等しかった時代の名残りとも考えられる。また上下水道関係は，敷地から本管が離れていたり，地盤が固く掘削に手間取るなど不確定要因が多いことから別途としている理由であろう。

6. 日本の住宅をどう変える 53

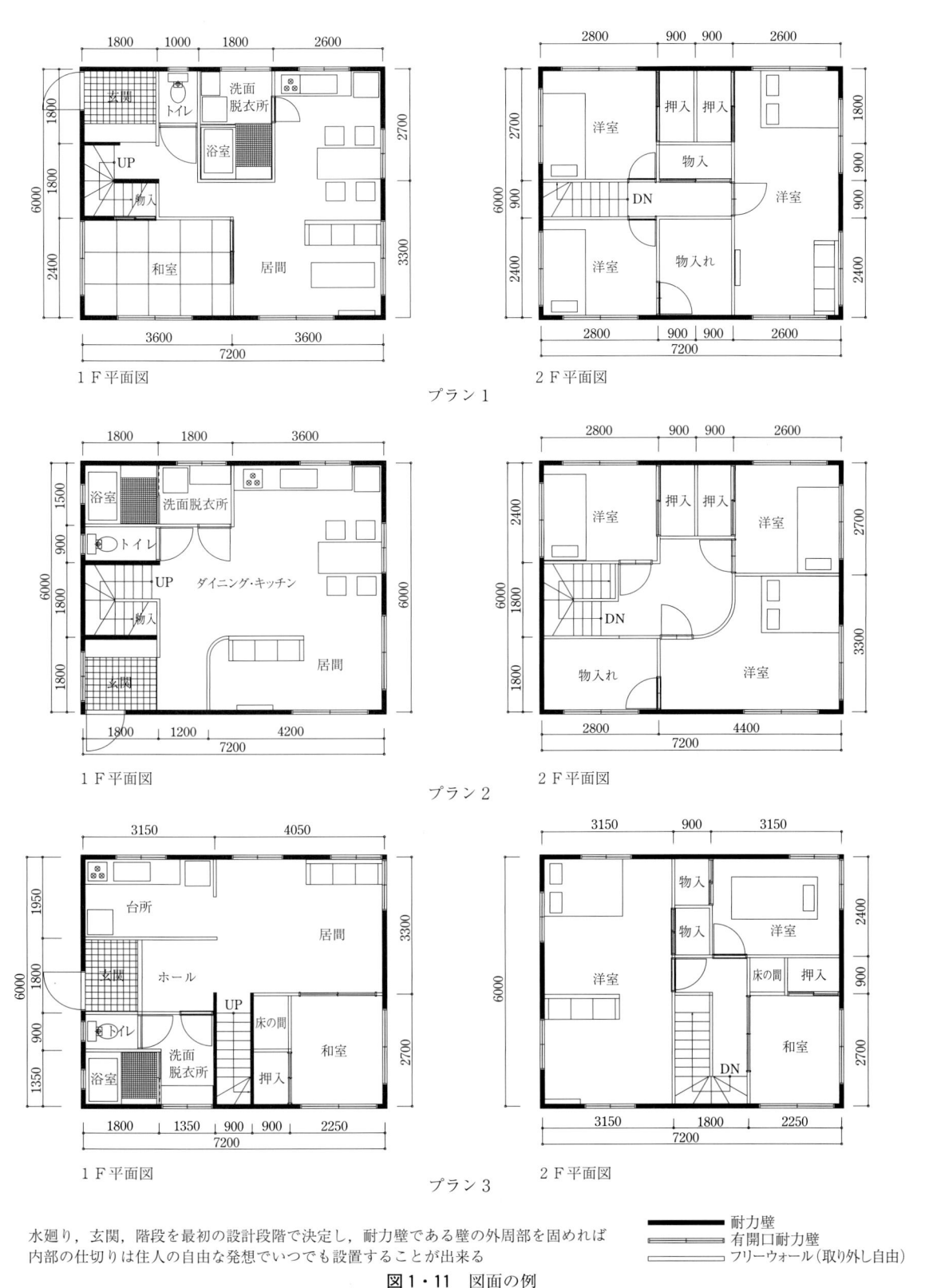

1F平面図　　　　　　　　　　2F平面図
　　　　　　プラン1

1F平面図　　　　　　　　　　2F平面図
　　　　　　プラン2

1F平面図　　　　　　　　　　2F平面図
　　　　　　プラン3

水廻り，玄関，階段を最初の設計段階で決定し，耐力壁である壁の外周部を固めれば内部の仕切りは住人の自由な発想でいつでも設置することが出来る

■ 耐力壁
▧ 有開口耐力壁
□ フリーウォール（取り外し自由）

図1・11　図面の例

リグノ構法は，住宅の耐震性・耐久性に関わる躯体工事を担う技術である。躯体工事と電気・ガス・上下水道を専門の工事業者が担えば，住宅の9割は完成し住むことはできる。あとは，週末の時間を活用して，子供と一緒に家作りの最終仕上げとなる。

　では，本当に800万円でできるのだろうか。以下は，その試算明細である。首都圏で6m×7.2mの2階建て26坪の住宅を想定している。建坪は13坪である。使用する壁パネルは84枚，6mスパンのデッキパネルは12枚である。合わせて約232万円である。接合金物約29万円，小割材40万円，ドア・断熱材等45万円，床材等30万円，サッシ60万円，キッチン20万円，ユニットバス20万円，排水配管工事70万円，電気配線30万円，基礎工事60万円，屋根工事30万円，換気工事14万円，外壁工事50万円，設計監理70万円，合計800万円となる。

　では，具体的にどのような手作り部分が残されているのか。たとえば玄関の床部分がある。ホームセンターで売っている人工芝のようなグリーンでもよければ，タイルにすることもできる。照明器具も生活しながら最も使いやすい照明を順次導入すればよい。階段もホームセンターで売られている。内装材や壁紙もまたホームセンターが提供してくれる。先の写真は，壁紙を貼らず，リグノ構法の壁パネルをむき出しにしたものである。へたな壁紙を貼るよりこのままの方が良いという美意識もあろう。アメリカ同様，住宅を少しでも使いやすいように手を加えることで，住宅の資産価値を高めることが日本でも可能であろう。

　しかも，6mスパンのこの住宅は，間取りを自由に変えることができる。家族構成の変化に応じ，子供部屋として部屋数を増やすことも，リビングを大きく取ることも可能である。こうしたリフォームの容易さも，広い意味での手作り住宅向けのリグノトレンド構法の特色といえるだろう。

　ここでは，首都圏を念頭に800万円手作り住宅を紹介した。もし，敷地に余裕があるなら，2階建て35坪の場合だと1000万円手作り住宅となる。

　設備は10年15年で代えられる。所得の伸びに応じて買い換えることができる。しかし，住宅の構造を変えるのは困難であることから，結局建替えざるをえない。一生に一度の買い物と言われながら，20数年で建替えを余儀なくされているのは，大変な損失である。構造を重視し，必要に応じて設備を選択するという住宅観が重要なのである。

(3) 住宅産業の寿司ロボットになるか？

リグノ構法の特色は，住宅の強度や耐久性のもとになる躯体構造を短期間で完成させることができるところにある。しかもこの構法では，大工仕事は，階段つくり程度しか残らない。つまり，専門業者とリグノ構法がジョイントすれば家はできるのである。まさに大工不要の構法である。

つまり，リグノ構法は，大工にとっては強敵となろう。ちょうどこの関係は，寿司ロボットと寿司屋のような関係になる可能性が高いと考えている。つまり，寿司ロボットが登場した時，大多数の寿司屋の反応は冷ややかであった。人手不足の時代だったにもかかわらす寿司ロボットを採用しようとする寿司屋は稀であった。関心を示したのは，寿司屋とは全く関係のない業種の人たちであった。回転寿司や寿司ロボットに対してプロの寿司屋が関心を示さなくても，寿司ロボットは新規参入したい事業家にとって魅力ある存在だった。寿司ロボットは回転寿司という新しい市場の創造に貢献したことになる。同様に既存の住宅産業に飽き足らない新規参入者から注目される構法であろう。あるいは，住宅メーカーの下請けに甘んじていた内装工事屋がこの構法を採用することで工務店化することも十分あり得るのである。

(4) 設計士主導の家づくりの可能性

日本と欧米の住宅建築で大きく異なるのは設計士の役割である。特に地方圏では，設計や施工管理は建築主から正当に評価されることが少なく，おまけのような感覚で受け取られることが少なくない。それは，従来の木造住宅が，科学的根拠に基づく構造計算をし，強度を保障したものではなかったからであろう。

昭和25年に制定された建築基準法第20条では，2階建て以下の木造住宅の設計には，構造計算が不要とされてきたのである。構造計算に代わって，木造のルールとなったのが壁量規定である。建物の床面積に対する壁の量として，筋交いの本数や耐力壁の枚数で構造の強度をルール化した。戦後，大きな地震の度に壁の量を増やし，阪神・淡路大震災以後は金属による補強を増やし，狭い家に構造壁を増やし，小さな部屋を作ってきた。過去に地震の時に一番安全なのはトイレと言われた時期があるが，これと全く同じ理由で小さな部屋を増やしてきた。しかし，いざ家族構成が変わったからといっても耐力壁を外すことはできない。壁の量という制約から逃れることはできない。

リグノトレンド構法は，構造計算に裏付けられた構法である。木造建築にも科学的な知見をもとにした構造計算，例えば許容応力度設計の観点からの家づくりは，わが国にも設計士主導の家づくりにつながるものとなろう。

参考文献

林野庁偏：「図説 森林・林業白書（平成14年度版）」日本林業協会／2003年
伊藤善市著：「地域開発と21世紀への国づくり」有斐閣／1991年
伊藤善市著：「地域活性化の戦略」有斐閣／1993年
真栄城守定著：「シマおこしの構図」ひるぎ社／1993年
井上裕著：「まちづくりの経済学」学芸出版社／2001年
池上惇 ほか著：「現代のまちづくり」丸善／2000年
坂本功編著：「新版 木造住宅構法」市ヶ谷出版社／2003年
坂本光司著：「地域づくりの経済学」ぎょうせい／1996年
下平尾勲著：「地域づくり～発想と政策」八朔社／1998年
安東誠一著：「地方の経済学」日本経済新聞社／1986年
地域振興整備公団偏：「地域統計要覧2004年版」ぎょうせい／2004年
林宜嗣著：「地方分権の経済学」日本評論社／1995年
林宜嗣著：「財政危機の経済学」日本評論社／1997年
林宜嗣著：「地方財政」有斐閣／1999年
M.ポーター著，竹内訳：「競争戦略論（I・II）」ダイヤモンド社／1999年
矢田俊文著：「21世紀の国土構造と国土政策」大明社／1999年

第 2 編　構法編
（リグノ技術の特性）

1. リグノトレンド構法の位置づけ ・・・・・・・・・・・・・ 58

2. リグノトレンド構法の 10 の哲学 ・・・・・・・・・・・ 61

3. リグノトレンド構法の特色 ・・・・・・・・・・・・・・・・ 73

4. リグノトレンド構法の日本における可能性 ・・・・ 87

5. ドイツにおけるリグノトレンド構法による
　 木造ビル ・・・・・・・・・・・・・・・・・・・・・・・・・・・・・・ 89

参　考　資　料 ・・・・・・・・・・・・・・・・・・・・・・・・・ 97

1. リグノトレンド構法の位置づけ

　戦後，木造住宅構法は大きく変化してきた。その特徴を一言で言えば「多様化」である。本稿では最初に戦後の木造住宅構法を概観し，リグノトレンド構法の位置づけを明確にする。

　戦後の木造住宅は，木造住宅禁止キャンペーンから始まったといっても過言ではない。昭和20年代末から昭和30年代前半，日本建築学会では木造建物の禁止を求める意見がしばしば述べられた。空襲による焼失原因を木造家屋と木造住宅の多い都市構造に求め，他方，当時，コンクリートについてはほとんど永久的と考えられていた。そして，昭和34年の伊勢湾台風による住宅の倒壊・流出の後に京都で開催された日本建築学会の年次大会では，木造禁止が決議された。

　こうした戦後の木造冷遇政策により，大型建物では木造建物が激減する。集成材を用いた体育館等も昭和30年代後半に激減し，昭和40年代になるとほとんど建てられなくなる。反木造キャンペーンにより，公共事業から木造は締め出された。そうした状態は昭和50年代後半まで続けられた。しかし，住宅に関しては減少しなかった。高度経済成長期に入り，日本の住宅生産は昭和35年から47年までの12年間に3.5倍になるからである。高度成長という膨大な住宅需要と一般市民の木造指向に支えられ，住宅に関しては，むしろ，その生産は大きく伸長することになった。

　本格的に木造建築が見直されるようになるのは，昭和60年代まで待たなければならない。その直接の契機となったのは，昭和61年，当時の建設省（現国土交通省）建築研究所において行われた木造3階建て共同住宅の火災実験である。この実験の結果，石こうボードなどの耐火材料で室内を囲めば，十分な耐火時間が確保できることが実証された。この結果を受けて，準防火地域での木造建物の建設が緩和された。

　ところで，高度経済成長は，木造住宅にとって追い風となったばかりでなく，構法の多様化をももたらした。日本で初めての木質プレファブは，昭和37年にいわゆる38条認定を受けたミサワホームである。以後，昭和40年代前半はプレファブ住宅乱立の時代となる。

　杉山英男氏は著書*の中で，これらの構造の特徴として，以下の3つを挙げている。①柱のない，壁式構造であること。②壁・床・屋根などのパネル

表 2・1　木質プレファブの分類

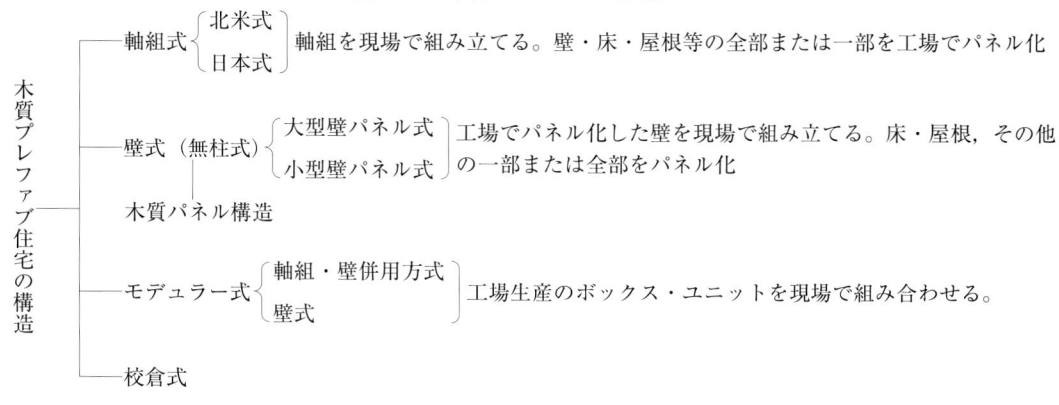

木質プレファブ住宅の構造			説明
軸組式	北米式		軸組を現場で組み立てる。壁・床・屋根等の全部または一部を工場でパネル化
	日本式		
壁式（無柱式）木質パネル構造	大型壁パネル式		工場でパネル化した壁を現場で組み立てる。床・屋根，その他の一部または全部をパネル化
	小型壁パネル式		
モデュラー式	軸組・壁併用方式		工場生産のボックス・ユニットを現場で組み合わせる。
	壁式		
校倉式			

　生産にあたって，接着剤を頻用していること。③使用木材がほとんど外材であること。また，その構造形式は，表2・1のように分類できるとしている。

　これらの構法のうち，今日までつながるシステムとして重要なのは，壁式の接着パネル工法である。木質のプレファブは現在では，接着パネルを床・壁・屋根に用いる構法のみが残っている。

　ところで，当時のプレファブの構法を概観すると，興味深いことに気づく。それは，当時の軸組式のプレファブ住宅は，現在の軸組構法のいわゆる合理化工法と非常によく似ていることである。軸組式のプレファブ構法は，30年を経て軸組構法の新しい構法としてよみがえったと見ることもできる。

　ただし，そうしたシステムは当時は成功しなかった。部材の精度，生産のシステムが，当時はできあがっていなかったのである。また，軸組があることから在来構法の亜流のような印象を拭えなかったのであろう。

　昭和60年代に入ると，さらに軸組構法は変容をとげる。いわゆる「合理化構法」と呼ばれる軸組構法の構法開発が進められ，プレカット化とパネル化が進展する。そして今日では，軸組構法と，ツーバイフォー構法やプレファブ構法などのパネル構法との境目が失われつつある。今日では，軸組構法とは，単に柱・梁を有する構法という程度の受け取り方をするのが妥当であろう。

　ここで，ツーバイフォー構法の流れをみておこう。

　永大ハウスのパネル式住宅は，ED構法というツーバイフォーと同種のシステムを経て，ツーバイフォー構法へとつながっていく。昭和40年代，同様のシステム住宅が盛んに開発されていた。ツーバイフォー構法は，北米の

---

*　杉山英男著：「木質構造の設計」丸善／1976年

構法を参考に日本式にアレンジされて出来上がったものであるが，当時，盛んに行なわれていたプレファブ工法住宅開発の一種として進められたものであった。

ツーバイフォー構法は，法的には枠組壁工法と呼ばれている。柱と梁に相当する枠組に構造用合板などの面材を釘打ちして強度を確保する仕組みである。床組もほぼ同様な構成でできている。

ここで，リグノトレンドの構造を見てみよう。リグノトレンドの構造の特徴は，構成材が従来とは異なり，柱や梁のない接着複合型の壁パネル・床パネルから構成されるところにある。一見するとツーバイフォーと似ている。ツーバイフォー構法は，構造パネルで強度を確保する仕組みであるが，リグノトレンド構法も柱がなく，パネルの強度だけで耐力を確保する。その点ではツーバイフォー構法と同じである。

リグノトレンド構法の最大の特徴は，壁パネルの上下に横架材が用いられ壁パネルが上下で補強されているところにある。「壁用上枠材」と呼ばれている部材である。この部材は，ツーバイフォー構法でいえば頭つなぎと呼ばれる部材であるが，リグノトレンド構法では，横架材としての構造性能を果たしている。同時に横架材はパネルの開口部を支えるという重要な意味がある。

また，通常，横架材の上に床パネルをのせると，階高が大きくなりがちだが，リグノトレンド構法では，壁通りから壁通りまで床パネルを架け渡すことで，途中に梁が現われることはない。また，床パネルの底板がそのまま天井板になっている。つまり，構造パネルとしての床パネルが天井パネルを兼ねている点が特徴になっている。

また，リグノトレンド構法にはツーバイフォー構法のような枠組はなく交差した材を接着することにより高強度を実現している。「木質系接着複合パネル構法」の一種と位置づけられる。

参考文献

杉山英男著：「木質構造の設計」丸善，1976年

坂本　功著：「日本の木造住宅の100年」社団法人日本木造住宅産業協会／2001年

2. リグノトレンド構法の 10 の哲学

(1) 木造壁の高い性能

多くの人たちは，いまだに木造建築に対して先入観をもっている。これらの先入観の多くは，今日の物理学の知識がなかった時代に，とにかく風雨を防ぐ器としての住居を建てなければならなかった時代に生じたものである。また，他にも，防腐剤，ホルムアルデヒド，ファイバーダストなどの議論が行われているが，これらの物質はみな，天然の建築材料である木材とは本来無関係なものである。

リグノトレンドの木材ブロックパネルによる建築方式は，木材を交互に交差させ接着することで，空気や湿気などが拡散する余地をもたせてある。この拡散の余地をもたせた壁体はさまざまな利点がある。

建築物の腐蝕は通常，水蒸気遮断のための気密が不十分な部位を通過する空気の対流によるものである。密閉状態の壁構造の場合には，わずかの製造上の不手際か，または何らかの理由で水の浸入が生じるなどにより，蒸気遮断部が損傷するだけで簡単に腐蝕が発生する。しかしながら，蒸気遮断のための密閉度が厳しく求められると，設計者や加工業者はしばしば解決できない問題に至ってしまう。リグノトレンドの木材ブロックパネルシステムは接着剤で接着された建材であるが，蒸気遮断として機能するような閉鎖された，接着継目は存在しない。蒸気拡散の余地のあるリグノトレンドの場合には，木材が備えている調湿など，居住空間の気候のための機能を十分に発揮する

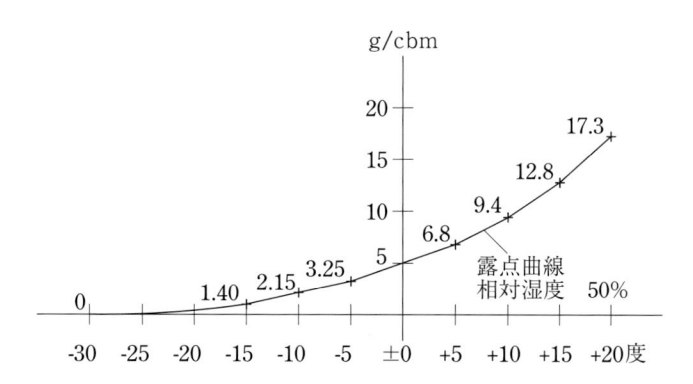

温められた空気は冷たい空気よりも個々の分子のなかに
水蒸気としての湿気をより多く含んでいる

図 2・1　蒸気拡散図*

ことができる。また，リグノトレンドを採用すれば，木材量を増やすことによってそれらの性能の不足を簡単に補うことができる。さらに，リグノトレンド構法は木取り上の端材，板材などの副産物を有効活用するため，CO_2の固定などの地球環境上の利点も付随的に得ることができる。

また，リグノトレンドの木材ブロックパネルは，遮音性能が高く，かつ，耐火時間が長い。また，木材ブロックパネルは剛性が非常に高く，形態安定性があるため，物理的な特性が長期間維持される。

(2) 木があることによる快適性

人間の快適さは次のようないくつかの要素の総合性能として生みだされるとされ，壁の断熱性能値（k 値）といった単一の物理量だけで決定されるものではない。

- 良好な湿気保持性能
- 湿度調節性能
- 快適な表面温度
- 適度の保温性能
- 適切な遮音性能
- 美観
- 心地よい香り

一般の木造建築は，最近の数十年のうちに（丸太小屋の場合を除いて）木材の使用量がますます少なくなっている。金属やプラスチック製品が使われることによって，気密性・断熱性は高くなったが，木質の構造部が，室内環境には現われないようになっている。

木材は，多孔細胞構造のため，特に湿気を調節する機能をもっている。体積 $1 m^3$ の木材は，内部の細胞壁面積は最大で 20 万 m^2 にもなり，夏と冬の間で 24 リットルから 32 リットルの水を吸収し，放出することが可能である。また，木材の表面温度は人間に適しており，表面の視覚上の印象が温かいだけで暖房性能を 2℃ 程度下げることができるとされる。このように，エネルギー使用を少なくできるので，化石燃料を消費することによる有害物質の放出も少なくすることができる。また，適切な外壁と組み合わせることにより，外気の水分を細胞壁を通して屋内側に導き，この湿気を居住空間の空気の中に取り込むことができる。このため，居住空間の気候は，暖房期間中も，引き続いて快適な状態に維持される。というのは，屋内側から屋外側へ向かう蒸気圧が存在するが，室内に絶えず湿気が供給されるからである。天然の木

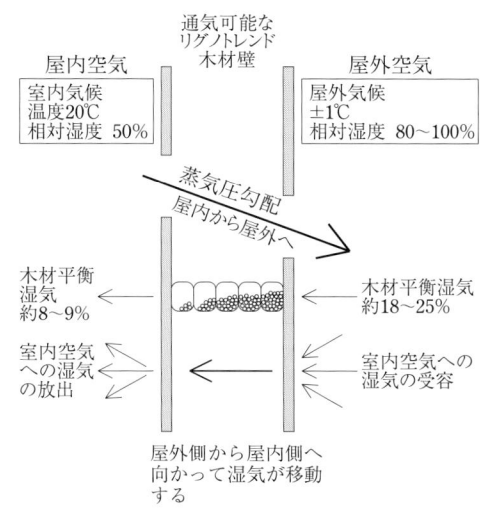

図2・2 屋外側から屋内側へ向かう湿気の平衡*

材はその心地よい香りと，美しさが相まって，身体の心地よさ，快適さを高める。このような家を，ウィーンの建築家フンデルトヴァッサーは「第3の皮膚」と呼んでいる。

(3) 化学物質を使わずに耐候性のある木造建築物

木材は天然の，有機的な建材である。このことは木材の大きな利点である。木造住宅を設計し，建て，住む人はこのメリットを大切にしている。ただし，すべての有機物と同じく木材もまた，ある種の条件のもとでは，腐敗・分解させられることがある。木材を腐蝕する菌類や昆虫などは，生存の基盤として特に水を必要とする。木材の細胞のなかには，多少とも水が含まれている。エアコンで暖房されている部屋の中では，木材の水分は冬では6%，夏では14%というように，季節によって変動している。イエカミキリムシは，成虫になるまで3年から5年，ときには8年かかるが，その成長期に木材の水分が一度でも10%以下になると，成長することができなくなり死滅するといわれる。また，各種の菌類は，成長するためには，木材の含水率が少なくとも20%は必要とされる。

また，リグノトレンドの木材ブロックパネルによる構法で，その外側に追加の断熱材を設けると，木材全体が，部屋の屋内側の環境に収まることになる。このため，建材として木材が保護されることになる。また，壁部材に通気性があるため，内部結露を防止することができる。したがって，適切な方法で外壁が施工されていれば，化学物質による防腐処理の必要はなくなる。

(4) 4層の壁構造パネルの利点

4層の壁構造パネルは，次の条件を長期的に満たすことができる。

① 屋外側外装材には次の条件が求められる。

- 耐候性
- 成形しやすさ
- メンテナンスしやすさ

② また，屋内側壁面は次の基準を満たす必要がある。

- 美観
- 適度な音響性能
- 表面の暖かさ

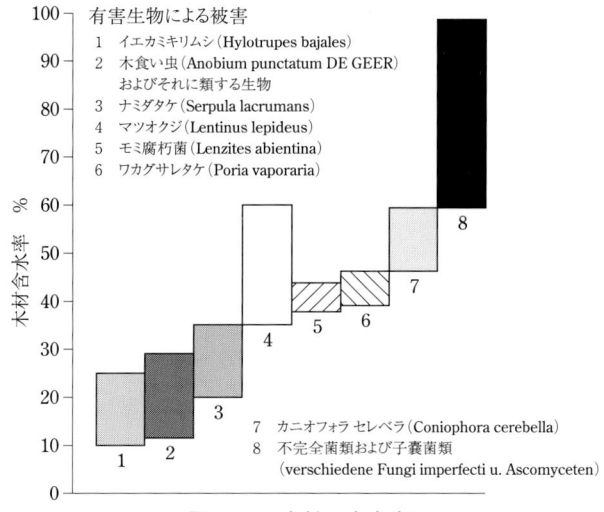

有害生物による被害
1　イエカミキリムシ（Hylotrupes bajales）
2　木食い虫（Anobium punctatum DE GEER）およびそれに類する生物
3　ナミダタケ（Serpula lacrumans）
4　マツオクジ（Lentinus lepideus）
5　モミ腐朽菌（Lenzites abientina）
6　ワカグサレタケ（Poria vaporaria）
7　カニオフォラ セレベラ（Coniophora cerebella）
8　不完全菌類および子嚢菌類（verschiedene Fungi imperfecti u. Ascomyceten）

図2・3　木材の含水率[*]

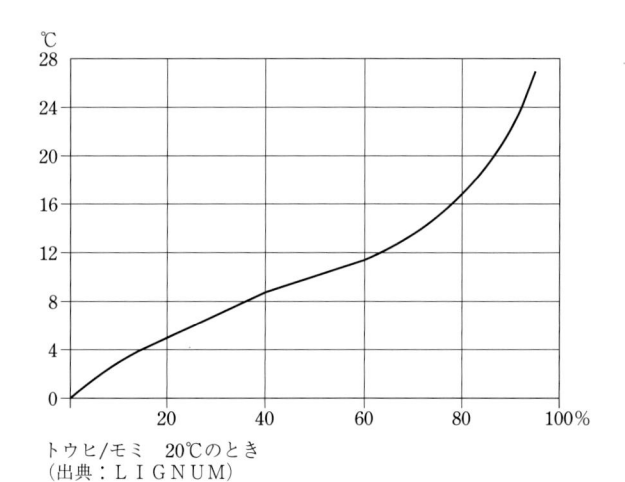

トウヒ/モミ　20℃のとき
（出典：LIGNUM）

図2・4　湿気平衡曲線[*]

- 適度の湿気調節機能
- 十分な強度

③ また，4層の壁構造のうち中間の2層は次の機能を担っている。
- 剛性・強度安定性
- 保温性
- 断熱性
- 保水性
- 遮音性
- 耐火性
- 気密性
- 設備収納の余地

このような構造によって，長寿命で，メンテナンスが簡単で，かつ環境の面で心配のない建物の外周壁が可能になる。長寿命の建物だけが，その価値を長く維持し，環境に対する責任を果たすことがでる。

また，この構造は下地材であるため，予算とデザインに応じて仕上げを自由に組み合わせることができる。また，外壁と部屋内部に手を加え，更新することもできる。

屋外側に配置した断熱材は，内側に通気性のある壁構成を可能にしている。そして，建物全体の気密性は，継目なく張られた外側の断熱材自体により確保される。ただし，追加の遮断材を設ける前に，通気性のある防水層を取り

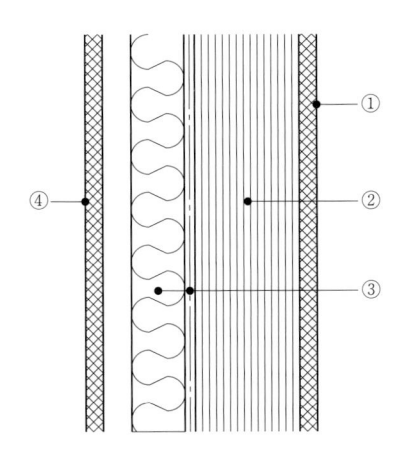

①屋内側外板
②リグノトレンド木材ブロックパネル
③追加断熱材/通気遮断材
④耐候材

図2・5 4層壁構造の原理*

① 屋内側外板
② 壁／天井の機能領域
③ 追加断熱材
④ 耐候材

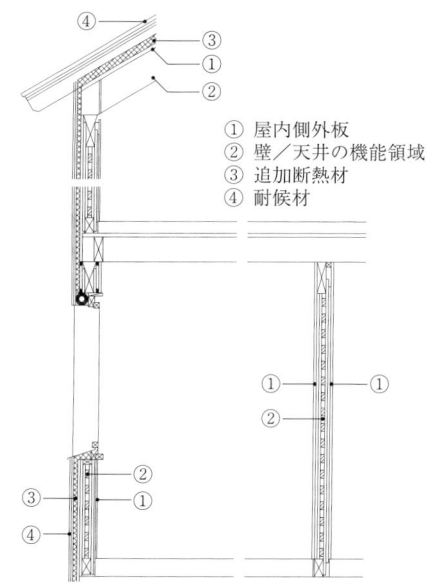

図2・6 リグノトレンドを使った場合の可能な壁構造

付けることをすすめる。

(5) 施工の単純化

　木材は天然の材料である。ということはつまりは均質でない建築材料だということである。それだけに，建物に使う際にはしっかりした専門知識が必要となる。トラブルのない木造建築物を作るには，木材の特性を，構想の段階から詳細な計画の段階まで，つねに考慮に入れる必要がある。一般的に，専門的な知識が不足しがちで，また，設計に多くの費用がかかるため，一般的な設計者にとって，木造建築は興味の対象とはならなかった。しかし，リグノトレンドで設計するということは，性能が一定以上であることが明らかな木質パネルを使って設計することを意味する。つまり，剛性，遮音性能値，断熱保湿性，水分挙動などが明確にされている建物構成材を使って設計するのである。

　設計者は，壁という部位の要件に応じて，相応の厚さを選択し，また，物理的性能が十分であることを確かめる。リグノトレンドでの設計は，以上のような従来の方法によっても，また，電子データ処理（CAD）によっても可能である。

　いずれにしても，リグノトレンドの木材ブロックパネルシステムは半完成品であり，設計者やユーザーはそれを理解し，使用する必要がある。

建築費用は，工期と工賃が最も重要な決定要素であるが，かつて，工賃と材料費の差は，今ほどかけ離れていなかった。木材の原価は，過去15年間に，やや低下したのに対して，労務コストの方は大幅に上昇した。労務コストを削減するには，作業にかかる時間を短縮する必要がある。そして，時間を短縮するためには，作業を単純にし，標準化するなど，いわゆるプレファブ方式を採用する必要がある。リグノトレンドの木材ブロックパネルシステムは，小型パネル施工方式である。技術の細部が標準化されているので，設計は簡単で施工を自動化でき，組立も合理的に行うことができる。

(6) 最適な建材を使って建設する

どの建築材料にも利点と欠点がある。

例えば，鋼材は木材に比べると，引張力では，約15倍の力に耐えることができる。しかし，鋼材は熱伝導率の高い物質であり，断熱材としては不向きである。石材やコンクリートは高い圧縮力をもっているが，引張力はなく，曲げに対する力もほとんどない。一方，木材は，以下に示すような利点をもっている。居住部分や作業部分の内装向けには，木材が最適な材料である。また，木材という建築材料の特性は，地球環境に対する貢献度という点では，他に類をみないほどである。長期的には木材の利用比率を高める必要がある。

木材と建築材料として利用する場合の優れた点は，次のようである。

(a) 強度

　　木材は引張力にも圧縮力にも，そして曲げにも耐えることができる。そして，木材で地震に対しても安全な構造を実現できる。

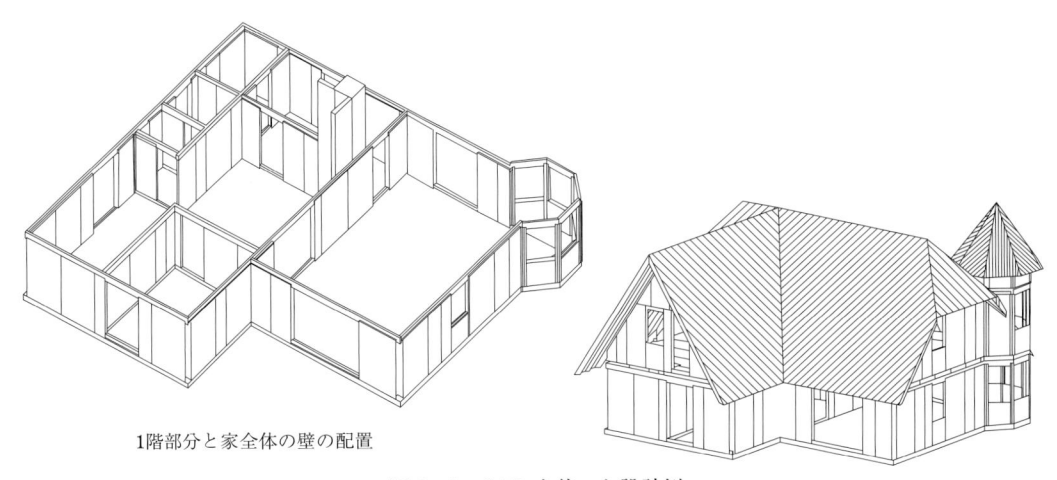

1階部分と家全体の壁の配置

図2・7 CADを使った設計例

(b) 熱

　10 cm の木材は 160 cm のコンクリートと同じだけの断熱性能をもっている。木材は最適な保温能力をもっているわけである。また，木材の表面温度は他の建築材料の場合よりも高く，寒気を放射する。

(c) 湿気

　細胞構造上，木材は空気中の水分を取り込み，再び放出する。そこで，水蒸気遮断材を設けずに，木材が通気可能な状態に施工することが肝要である。

(d) 遮音性

　木材は重さが比較的軽いため，単層構造の場合の遮音性能は約 40 dB にとどまる。しかし，リグノトレンドのシステムは，外側に板を施工するか，あるいは 2 層構造にすることで，遮音性能値を最高で 58 dB とすることができる。

(e) 音響性

　柔らかく，小孔がある表面をもつ木材は，遮音性が良く，騒音を調節する特性をもっている。

(f) 美観

　木材は天然の材料で，色変化と表面の仕上げの種類について多様な可能性があり，優れたデザイン素材である。

(g) 耐火性

　木材は燃えるが，太く，厚い部材では，外側の炭化層は断熱装置として働き，建築部材がさらに燃えるのを防いでくれる。

(h) 耐久性

　乾燥した状態で使われ，湿気（結露水）から保護され，乾燥状態が保たれれば，木材はほぼ無限の寿命を保つことができる。

(i) 消費エネルギー

　樹木は太陽エネルギーによって成長し，製材，輸送，加工などの過程で，他のどの建築材料と比べても，わずかなエネルギーしか使わない。例えば，建築部材 1 立方メートルあたりの必要エネルギーは，木材は 8〜30 kWh，コンクリートは 200 kWh，鋼材は 500〜600 kWh，アルミニウムは 800 kWh で，木材は極端に低い。

(j) 地球環境問題

　いわば「木材工場」といえる森林は，太陽エネルギーによって生まれ，

大気から二酸化炭素を取り入れ酸素を放出しているが，さらにその二酸化炭素を炭素に変える。木材の中にこの二酸化炭素（CO_2）が結合状態で残っているとされる。

(7) 居住者も，施工関係者の健康にも配慮する

今日では，健康的な住まいを心がけることはすべての建築関係者が自覚すべき要件となっている。

ただし，建築に使われた材料の健康に対する作用・影響に注意するだけでは十分ではない。材料・資材が生態系と環境にとって危険であると分類されているとすれば，必ず人間の健康にも影響がある。この点で，単に建物の住人についてだけでなく，建築資材の製造，加工，処理，さらに，処分に関わる人の健康上の問題についても考える必要がある。工事を行う者にとって，安全な作業場所は，労働意欲に対してもよい影響があるはずである。

以上のように，建築構法の多面的な側面に，注意を向けるべきである。

リグノトレンドの部材は，独自の技術により，乾燥処理され，接着されている。接着剤は合成製品である。

現在，静的な応力を受ける木材の接着には，欧州では下の4種類の接着剤が許可されている。

- 尿素系樹脂接着剤
- レゾルシノール系樹脂接着剤
- メラミン系樹脂接着剤
- ポリウレタン系接着剤

ポリウレタン系接着剤（PUR）は高価であるが，まったくホルムアルデヒドを含まず，燃焼（熱的処理・処分）したときに有害物質を生じない唯一の接着剤である。リグノトレンドの建築部材はこのポリウレタン系接着剤を使用しており，有害物質をほとんど放出しない。

ところでポリウレタン系の物質は，私たちの日常生活から除外して考えることはできない。ソファーや椅子，マットレスなどに使われる発泡材をはじめ，医療で使われる移植組織など，広い分野に応用されている。ただし一部の人たちは，ポリウレタンの製造に必要な原料，イソシアン塩酸に対して不安を抱いている。しかし，イソシアン塩酸は，化学的変換によって反応が止まり，ポリウレタン系接着剤が固まった後は，ほとんどイソシアン塩酸を放出しない。

(8) **環境を尊重し，未来のために生態系に配慮して建てる**

　森は単に木材の生産場所ではなく，大気を浄化し，二酸化炭素を吸収・固定させ，酸素を生成する。また，土壌の水分代謝を調節し，浸食を防ぎ，生物には生活空間を，人間には休息の空間を提供してくれる。

　生態系の立場からすると，森林を保護するための財源は，木材からの収益のみによってだけでまかなうことはできない。しかし木材は，単に二酸化炭素の固定を理由に，生え替わる分をそのままそっくり使うことは許されない。木材は，唯一再生可能な建築材料である。できるだけ継続的に，しかも高価値を生むように利用すべきである。伐採した樹木は全て利用することが，自然に対する木造建築に関わる者の責務だと考える。

　木材は，製材所でおよそ20%の副産物が生じている。品質に対する意識が高まるに従って，この副産物の価格はますます低下している。これらの副産物を製品に使用しているのが，リグノトレンドの木造ブロックパネルである。

　使用する木材 $1\,m^3$ には，約 $250\,kg$ の炭素，言い換えると約 $600\,kg$ の二酸化炭素が恒久的に固定された状態に維持されているのである。周知のように，二酸化炭素は化石エネルギーを燃やすことによって地球大気の中に拡散され，いわゆる温室効果の主な原因とみなされている。

　地球レベルでの炭素の循環を考えると，木材が建築などに利用されるなら，$1\,m^3$ 単位でも良い効果をもたらすことになる。製品の一部に使用されている端材板材などの副産物は，製造に付加的なエネルギーを必要としないし，その後の加工もエネルギーを使わずに行われている。

　また，リグノトレンドの部材は再利用可能で，別の建築物に加工・利用することもできる。ポリウレタン系樹脂を使っているが，燃焼処分や材料が腐朽したときも，環境負荷となる物質は発生しない。建築物は老朽化して，建替えの際には，大量の建築廃棄物を出す。平均して，建築業界が出す建築関連の廃棄物の量は廃棄物全体の3分の2，家庭ゴミのおよそ5倍に相当する。最近10年の間に，建築廃材の量は大幅に増加した。これを解決するには，危険のない処分方法を計画することである。木材ブロックパネルは，製造，加工，利用，再利用，あるいは処分時であっても人間の健康が影響を受けることはないとされている。

(9) **妥当な価格で良質の製品を提供**

　「木造にすると私の家はどれだけ安くなりますか？」

この質問は，施主からよく耳にする。また，設計者からも同様の質問が出されることがある。このことから，木材が，相変わらず安価な製品というイメージがあることが分かる。木材についてのこの否定的なイメージは，誤った使い方，不十分な歩止まりが続いてきたことの結果と言える。木に特殊な乾燥処理を施すことにより，木材の残留応力をかなり取り除くことができる。さらに，それぞれの層を直交して接着することで，すぐれた形態安定性を確保できる。それは，木材が縦方向にほとんど変形しないからである。この性質を利用しているのがリグノトレンドの木材ブロックパネルである。

また，リグノトレンドの木材ブロックパネルシステムを使うと，短期間で建物が完成する。外装と室内の意匠は自分で自由に施工することができ，その結果，建設費用を少なくすることができる。また，特に木質の軟質ファイバーボードと一緒に使うと，かなり高い遮音性能を得ることができることも分かっている。

他の建築構法と比べると，リグノトレンドを適用すると居住面積の点でも利点がある。壁の厚さを1cm少なくすることは，部屋の空間を1cm広くすること同じである。組積工事による場合と比べるとリグノトレンドは部屋の面積を10％広くすることができる。$150\,m^2$の居住面積とすると，$15\,m^2$広くなるわけである。

⑽　「くちこみ」による宣伝

リグノトレンドの木材ブロックパネルを利用した構法は，ドイツで開発された。ドイツでは，地域の施工業者を通じて施工されている。

開発したリグノトレント社は，日本でもできるだけ多くの建築主と木造建築業者の方々が採用することを期待している。設計の段階のみならず，販売の段階でも，CD－ROMによる主要な知識データ集を提供している。成功例，失敗例の両面についてCDに集め，できる限り多くの施工業者・設計者が見ることができるようにしている。

最も有効な宣伝は，顧客が自分の知人などへ，次のような内容を話してくれることである。

- 自分のリグノトレンド住宅の中に住んで，いかに心地よく感じているか。
- 室内気候がどれだけ快適か。
- 香りがどれだけ好いか。
- 自分たちが前より健康だと感じていること。

- 自分の子供たちがどれだけよろこんでいるか。
- 自分の同僚が，リグノトレンドの事務所建物や商業用建物の中で働いて労働への意欲を高めたこと。
- 建築主がどれだけ木造住宅に感銘しているか。
- 木材製品を使った改修工事には追加の資材がいらないこと。
- 設計がいかに簡単か。
- リグノトレンドの建築部材を加工することがいかに楽しいか。
- 設備を設置することがいかに簡単か。

(11) 気候木造住宅の良い面はたくさんある

　リグノトレンド木材ブロックパネルを採用することによって，新たな木造住宅建築構法が拓かれることになる。この建築構法は，天然の材料である木材の利点を活用し，他の建築構法の多くの欠点を取り除いている。リグノトレンドの資材で建てられた木造住宅は，厳密な品質規則によって建てられた建物と言える。建築主と建築家との密な共同体制のもとで，リグノトレンドの施工業者は，現代感覚あふれる木造建築を実現することができる。品質に高い価値を置き，十分なコストパフォーマンスを達成でき，生態系を考慮した建物が可能になる。短期間に，丈夫で，雨水をしのぐ家の躯体部分が完成する。

　リグノトレンドの木材ブロックパネルの建築構法は，建物の多様性の点でいえば，ほぼ無限の可能性がある。各種の個人住宅，商業住宅，公共施設を，建築家が建築主の要望に沿って自由な形状に設計することができる。

3．リグノトレンド構法の特色

(1) 構造機能

(a) 壁パネルの耐力

壁パネルの耐力試験は，平成13年12月に㈶日本住宅・木材技術センターにおいて行われた。試験に用いられたパネル試験体の設計図ならびに写真を，図2・8～2・10に示す。

この耐力試験による壁パネルの強度は，次のとおりである。

結果を表2・2に示した。壁倍率相当で6.5～7.0と高い構造性が発揮されている。その結果を受けて，壁パネルは，ドイツトウヒと日本のスギ材で作ることで，認定された。壁パネルを住宅に使う場合には，壁パネル自体のせん断性能が高く，その壁パネルを止めつけておく金物部分が破壊した。そしてその性能により，壁全体としての性能が決定された。すなわち，壁自体のせん断性能を使い切っていないという状態である。もちろん，今後，一般住宅以外の大型の木造構造物に壁パネルを用いる場合には，接合部の性能を高めることで，壁自体のせん断性能で決定されるような状態も考えられる。

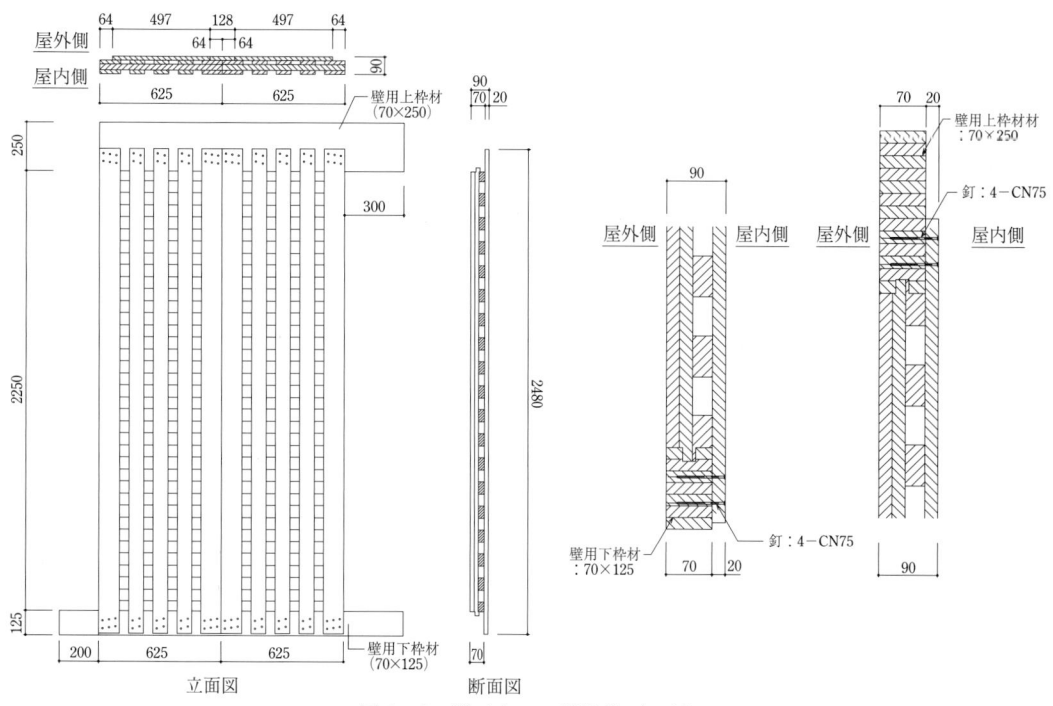

図2・8 壁パネルの試験体（スギ）

74　第2編　構法編

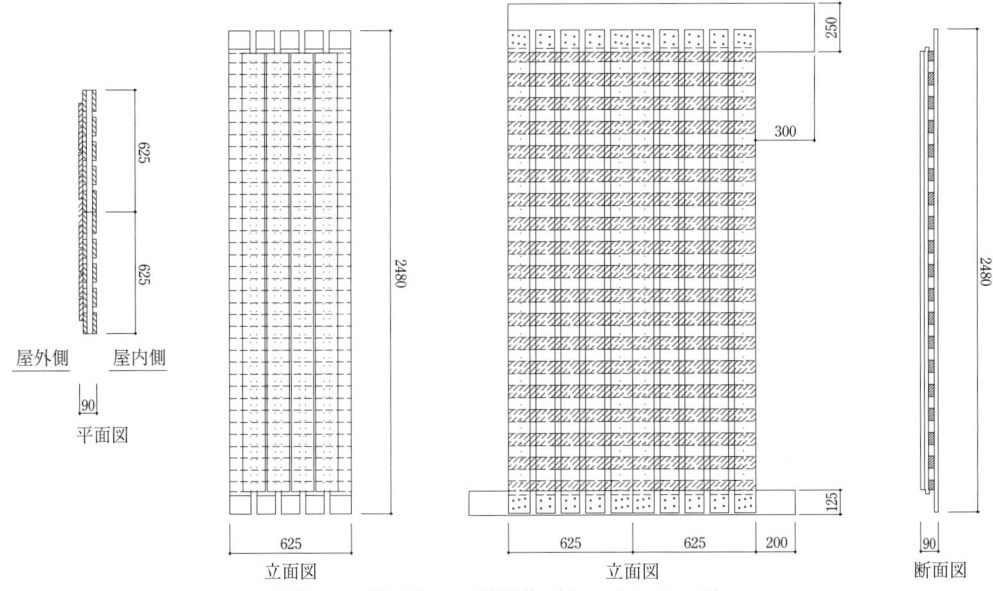

図2・9　壁パネルの試験体（ホワイトウッド）

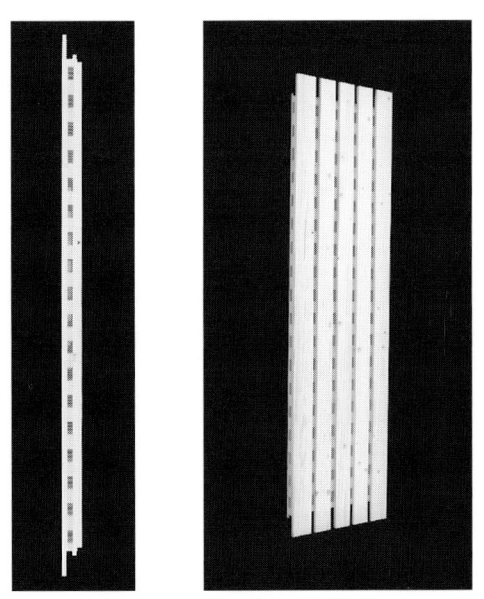

図2・10　壁パネルの試験体

表2・2 壁パネルの倍率

記号	樹種	壁幅（m）	短期基準せん断耐力 (kN/1.25 m)	倍率
AS	スギ	1.25	16.11	6.5
AL	ドイツトウヒ	1.25	17.20	7.0

また，スギパネルの有開口壁面内せん断試験は，平成15年8月，㈶日本住宅・木材センターにおいて行われた。試験体の概要は，次のとおりである。

① 樹種；スギ
② サイズ；壁長：1.25 m，壁高：2.625 m，壁厚：90 mm
③ 2枚のスギクロスパネル中央位置に開口をあけ，上下の横架材に釘接合
④ 開口部の大きさは，図2・11～図2・13に示すA，B，C，の3タイプとした。各タイプそれぞれ3体ずつ合計9体
⑤ 接着剤；水性高分子イソシアネート系接着剤

試験の結果，開口壁パネルの壁倍率は，表2・3のとおりである。

図2・11 Aタイプ
開口 560 mm×1,090 mm

図2・12 Bタイプ
開口 784 mm×1,090 mm

図2・13 Cタイプ
開口 784 mm×1,270 mm

表2・3 壁倍率

開口部タイプ	Aタイプ	Bタイプ	Cタイプ	無開口壁
短期基準せん断耐力 (kN/1.25 m)	16.05	86.5	7.49	16.14
壁倍率	6.5	3.5	3.0	6.5

壁倍率 = $P_0 \times (1/196) \times (1/L) \times \alpha$　　　L：壁長（m）　　α：低減係数

(b) 床パネルの耐力

床の材料となるデッキパネルも，壁パネル同様，ドイツトウヒと日本のスギ材で作ることが認定されている。

床パネル（デッキ）の曲げ試験の中央変位 $L/300$ における荷重は，表2・4のとおりである。

表2・4 荷重点の変位

試験体記号	中央変位 $L/300$ 時		
	荷重（kN）	荷重点変位（mm）	
		左右変位	平均値
ASR−1	30.41	8.99	8.68
		8.36	
2	28.82	8.79	8.54
		8.29	
3	31.93	8.78	8.66
		8.55	
平均値	30.39	8.63	8.63
標準偏差	1.56	0.27	0.07

この結果から，床パネルデッキ厚さ222 mmの場合の許容スパンは，6 mとされた。ちなみにドイツでは，18 mスパンが可能である。日本でもデッキの厚さを増すことでデッキ厚282 mmで最大8 mまでスパンを延ばすことが可能となる。

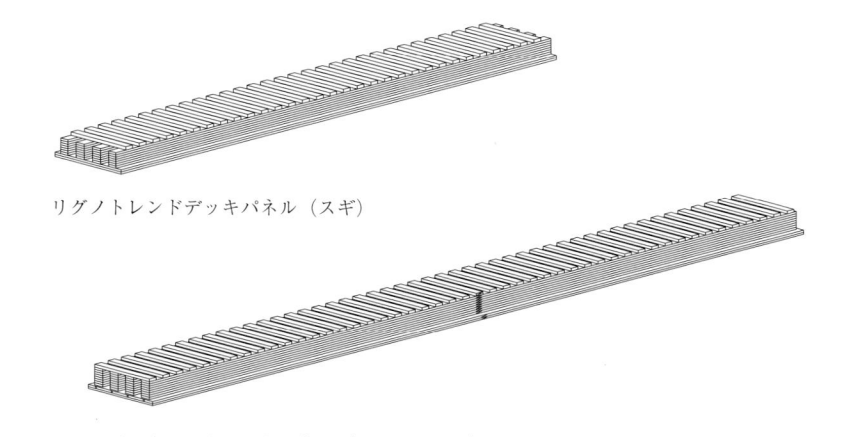

3. リグノトレンド構法の特色　77

リグノトレンドデッキパネル（スギ）

リグノトレンドデッキパネル（ドイツトウヒ）
図 2・14　リグノトレンドデッキパネル

床デッキパネル：210×600

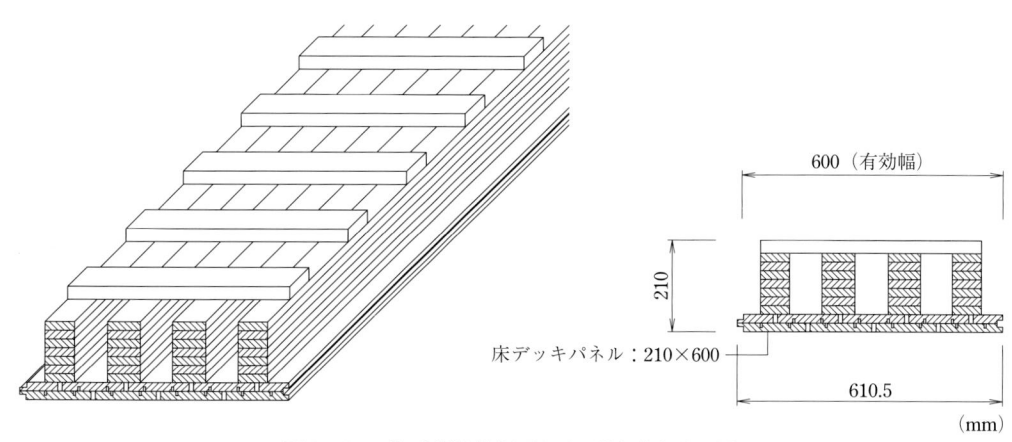

図 2・15　曲げ試験体概要および断面図（スギ）

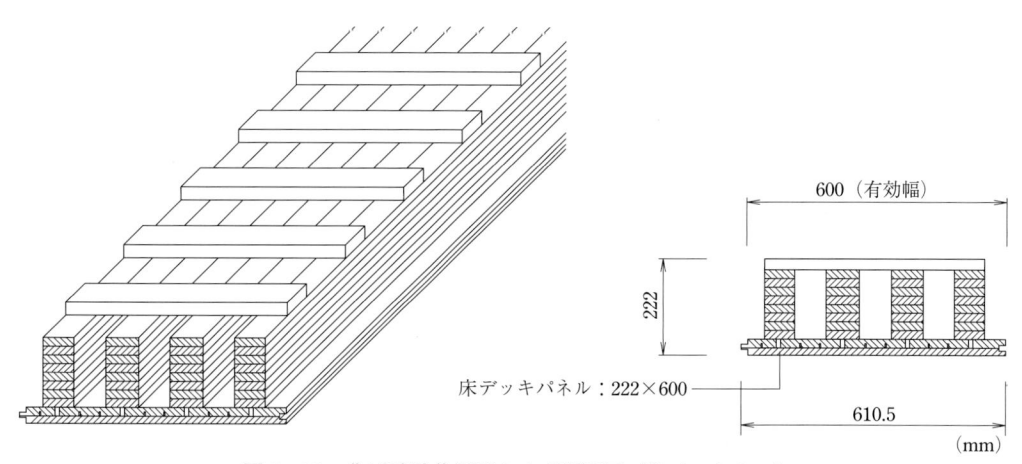

床デッキパネル：222×600

図 2・16　曲げ試験体概要および断面図（ドイツトウヒ）

(c) 設計の自由度

リグノトレンド構法による住宅は，壁倍率が高いだけでなく，床パネルが6 m のスパン（図2・17）をとることができるため，従来の構法に比べて設計の自由度を飛躍的に高めることができる（図2・18）。すなわち，柱や耐力壁のような支えが比較的少なくてすむため，大きな空間が得られる。したがって，将来，家族構成の変化等に応じて間仕切りや間取りの変更も容易で，よりフレキシブルな設計を実現することが可能となる。

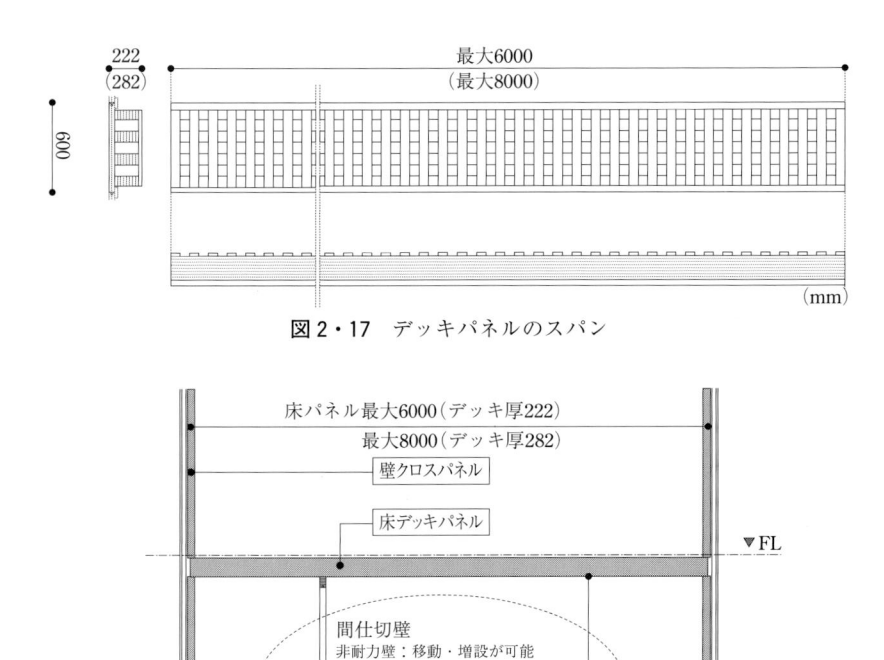

図2・17 デッキパネルのスパン

図2・18 リグノトレンド構法の設計の自由度

＊土台・基礎部分は在来工法
＊天井高は床仕上げ材によっても異なる

また，頑丈なデッキパネルを用いるリグノトレンド構法は，耐火性の点でもすぐれている。一般に木材は燃焼するが，木の外側の炭化層は，断熱装置として働き，内部木材の延焼を防いでくれる。さらに，素材が木であることから有毒ガスを発生することもなく，また，有害な煙の発生も抑制される。

また，リグノトレンド構法では特徴的な耐火性として指摘できるのは，1階部分と2階部分をつなぐデッキパネルの存在である。このデッキに多量の

木材が使用されているため，ファイアーストップ効果（階上階下間の延焼防止効果）が認められ，すぐれた耐火性を発揮することができる。こうした特性は，低層の木造ビル建設や木造マンション建設に道を拓くものである。

(2) ブロック構法による施工性能の向上

リグノトレンド構法のブロック構法としての特色は，幅 625 mm×長さ 2480 mm の木質接着複合パネルを工場生産していることである。組立工場でパネルを 20 mm×150 mm の板材にスプライスジョイント（添板継手）し，上下の枠材を取付け，補強している。それらの壁パネル・床パネルは，一般に，輸送可能な大きさに合わせて工場で切断するが，例えば，5 m～10 m の大型パネルの製造が可能である。また，工場で外壁材や窓枠，ドア等の開口部の設置をすることも可能である。したがって，工場での製造精度がそのままパネルの製品精度に反映する。

建設現場では，まず壁大型パネルをクレーンで取付けて，その上に床・屋根組を取付けるだけであるから，2 日間で組立施工が可能である。

壁パネルの横架材への取付けは容易で，縦材を横架材の側面まで伸ばし（合板の耳付けのようになっており），そこに釘を打てばよい構造になっている。また，クロスしている材料は，鉛直部材に対して座屈留めであると同時に，壁下地材の役割をも果たしている。

こうしたパネルの製造を工場で行うことにより，慢性的に不足している専門職の大工の仕事がほとんど不要となる。大きな大工仕事としては，階段の据付けが残されるだけである。

また，床パネル・壁パネルいずれにも，パネル内に空げきが確保されているため通気性を高める効果があるほか，配管・配線のスペースとしても用いることができる。この空げきはパネルの全体にわたっており，OA フロアのように配線・配管に使える空間があるので，完成後に配管や配線を動かすことも容易である。

また，壁パネルには，石こうボード等のボード類を直接貼ることもできる。

(3) 自然通気による快適空間の確保

リグノトレンド構法は，大量の木材を使うことが特色の一つである。そこには，材料を節約するという考えは全く見られない。むしろ，意図的に炭素を固定する効果のある木を多く使うことが図られている。

こうした考え方は，今，ヨーロッパで増えつつあるマッシブホルツ構法の考え方に沿っている。そこでは，木をふんだんに使うだけでなく，これまで

(a) 1階壁パネルの組立て 　　　　(b) 2階床パネルの組立て

(c) 2階壁パネルの組立て 　　　　(d) 2階組立て後の内部

(e) 小屋組みの組立て

図 2・19　パネルの組立，輸送*

3. リグノトレンド構法の特色　81

(a) 平行して壁をあらかじめ組付け，壁の構成材を設置

(b) 断熱材の取付け 　　　　(c) 窓の組付け

(d) 建設現場への搬送
図2・20　現場での施工*

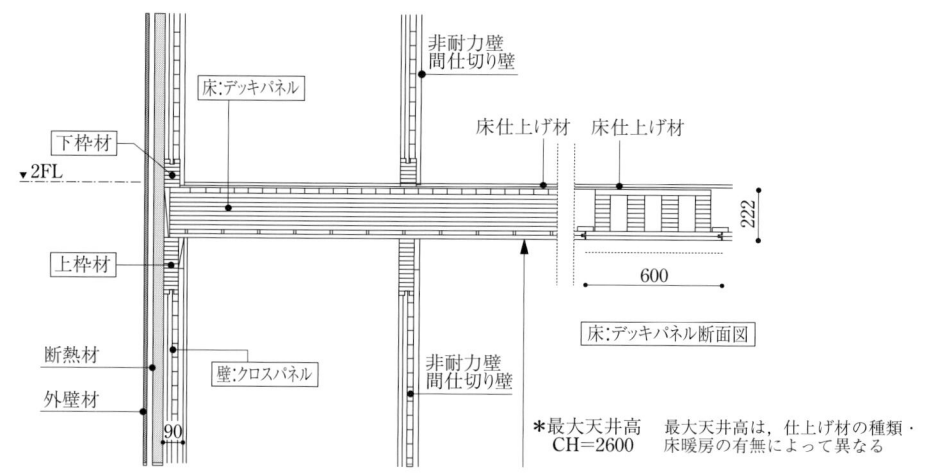

図2・21 壁クロスパネル・床デッキパネルの構成*

図2・22 リグノトレンドパネルに施工された各種配管*

廃棄していた端材を積極的に活用しようという試みがなされている。特にデッキパネルの縦に積み重ねられたジョイスト部分は，間伐や製材時の端材の利用を広げるものである。仮にこの部分をJASの集成材として作ろうとすると，厳しいJAS集成材としての基準をクリアしなければならない。しかし，リグノトレンド構法のように，デッキパネル自体を建築基準法第37条で，建築部材として認定を受けるのであれば，それぞれのジョイスト材が単独でJASの構造用集成材である必要はない。板材の使い方が飛躍的に拡大することが期待できる。

また，リグノトレンド構法は，外壁に柱が全くない木造壁である。パネルを構成するのは，木材の小部材 20〜30 mm×50〜75 mm と板材 20 mm×105〜125 mm を縦横十字型に間隔を空けて 600〜625 mm 幅の板状に接着成形し，3〜5 層の積層したパネルである。木材の繊維方向をクロスさせ，なおかつ，パネルの空間を確保することにより，木材の断面性能を高めている。

また，通常の軸組構法に比べ，木材の使用量が 2.5 倍と多いことから，木の性質である調湿効果が大きい。1 m^3 の木材を例にとると，内部の細胞壁面積は，最大で 20 万 m^2 といわれている。ドイツトウヒの木材含水量は，冬季と夏季では約 8% の差がある。400 kg/m^3×8% = 32 kg/m^3 であるから，1 m^3 の木材は 32 kg の水分を，夏季と冬季に吸収したり放出していることになる。また，木材を大量に使い，調湿効果が大きく，パネル自体に通気層が十分確保され，蒸気が拡散されるため，壁パネルに結露が発生することもない。

また，湿気がパネルの表面や内部に滞留しないことから，木材を腐敗させる腐朽菌やシロアリ等が繁殖する環境にはなりにくい。通気性の確保が，腐食という木の欠点を補っている。こうしたことから，ドイツでは 100 年以上

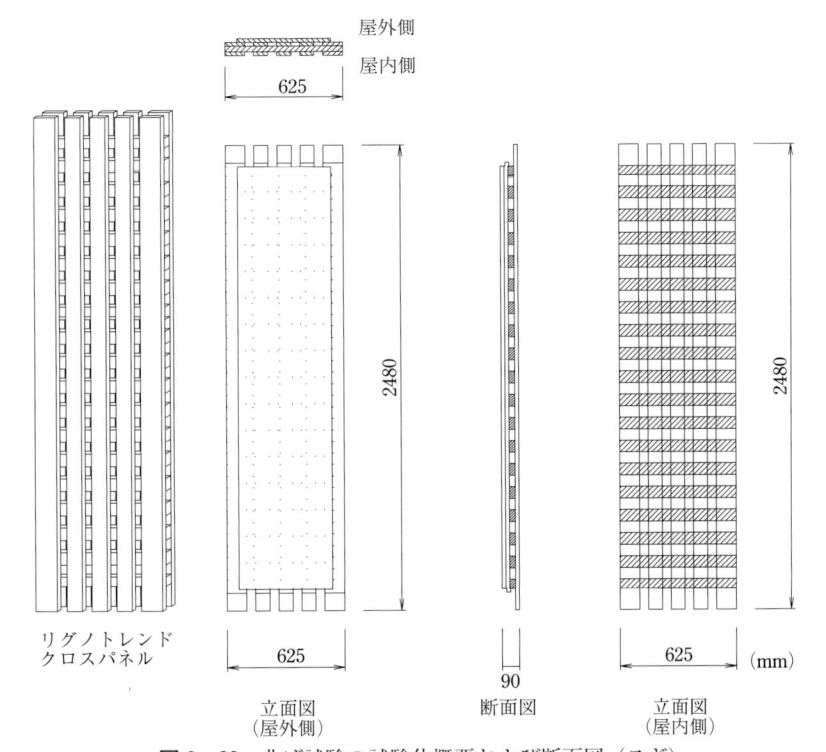

図 2・23 曲げ試験の試験体概要および断面図（スギ）

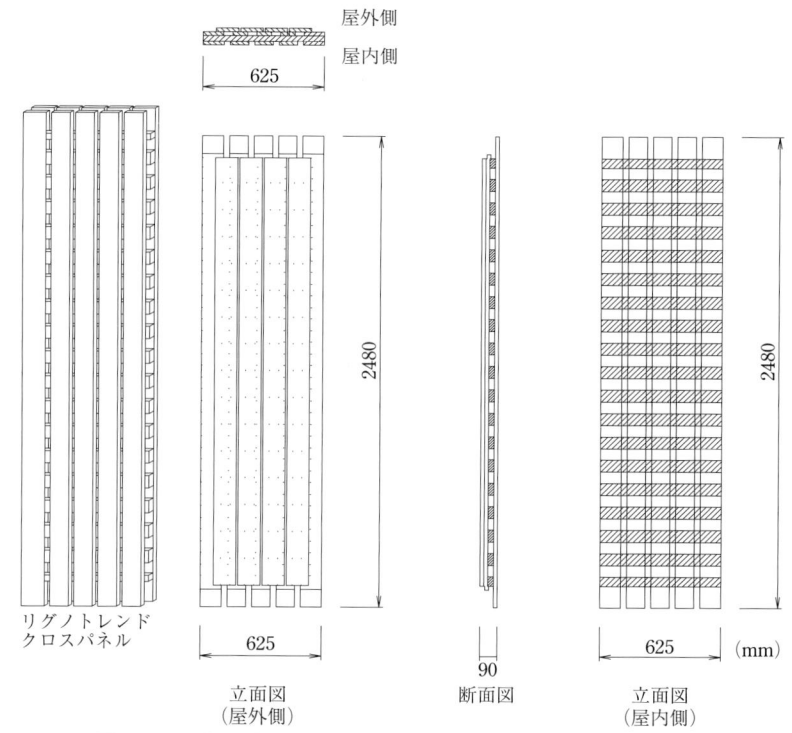

図 2・24 曲げ試験の試験体概要および断面図（ドイツトウヒ）

(4) 冷暖房効果と断熱性

建築部材の断熱性を特徴づけるのは，熱透過抵抗と熱伝導率の2つである。

熱伝導率は，短時間の熱流過程（例えば壁や床が暖まるとか，足で床が暖まるなど）が生じた時の材料の温度変化を判断する物理量である。人が手や足で，ある材料に触れると人体からの熱を奪う。材料の熱伝導率が小さければ小さいほど，奪われる熱は少なくなり，人はその材料を，暖かく感じる。

夏季には屋外の気温や日照が大きく変動するので，これらが屋内に与える影響を小さくする必要がある。

屋外の温度の変化は，波のようにも見えることから振幅とも呼ばれる。温度振幅は，外壁を通過後，建物の内側の表面に減衰した振幅で現われる。温度振幅に減衰があるのは，屋外と屋内では位相遅れという時間的なズレが生じるからである。通常は，温度振幅が小さければ小さいほど，位相遅れは大きくなる。夏季に快適な断熱性能を実現するためには，断熱性能が高く熱容量が大きく，かつ，透過係数が高い断熱材を屋外側に施工すればよい。こうすることで，位相遅れを12時間あるいは15時間にすることができる。その

結果，温度変化が屋内側に達するより前に既に日没となり，部材の温度低下が始まっていることになる。熱容量においても，熱透過性と同様に，密度，比熱容量，熱伝導率が重要な要因として作用する。したがってドイツでは，これらの値が高い木材軟質ファイバーボードが，断熱材として用いられている。

(5) **環境・自然**

リグノトレンド構法は，木材という自然素材を大量に使う構法であることから，次のような点で環境に寄与する構法といえる。

第一は，木を使うことのメリットである。

樹木は常に呼吸し，地球温暖化の原因の一つとされている二酸化炭素を大気中から吸収し，太陽エネルギーによって生長している。そして光合成の過程で，大気中から吸収された二酸化炭素を，樹幹内にセルロースやリグニンという酸素化合物として固定している。木は，伐採され製材され，木材となっても炭素が固定された状態にある。つまり木材は，二酸化炭素の貯蔵庫のような存在なのである。

林野庁の推計では，1993年におけるわが国の木造住宅が貯蔵する炭素貯蔵量は1.28億炭素トンで，非木造住宅が700万炭素トンであるから，木造住宅だけで，非木造住宅の20倍近い量の炭素を貯蔵していることになる。さらに，木造住宅の耐用年数が長くなれば，炭素の貯蔵期間が長期化することになる。また，住宅を取り壊したのちも再利用する仕組みを作り，カスケード的な再利用が進めば，固定された炭素はそのままストックされる期間が長期化することになる。

こうした二酸化炭素の固定化という機能に着目すれば，木造住宅自体が形を変えた森林という見方もできる。住宅は単に生活するための器ではない。街を構成する重要な要素であり，住宅が木造であることによって，地球環境保全という社会的な要請に応えることができる。

第二は，省エネルギー性である。

木材は自然素材であり，伐採・運搬・製材にはエネルギーを要するが，木の生長には，他の資材のような製造のためのエネルギーは不要で，太陽エネルギーという再生可能エネルギーが必要なだけである。つまり木材は，他の建築資材に比べて製造エネルギーは格段に小さい。一方，他の建築資材は，セメントであれ鋼材であれ，それらの製造には化石燃料を必要とする。つまり，製造過程で二酸化炭素の発生は避けられないということである。化石燃

料が石炭の場合には，二酸化炭素だけでなく亜硫酸ガスやラドンといった放射性物質も発生する。二酸化炭素を吸収し固定化した木材と，製造段階で大量の二酸化炭素を排出する工業製品資材を比較すれば，木材の優位性は明らかであろう。

第三は，解体・再利用段階でのコストである。

木造住宅と非木造住宅のそれぞれについて，解体コスト・再利用処分コスト・環境対策コストを比較すると木造住宅の優位性は明らかである。

また，最終段階で木材を燃焼させた場合には，二酸化炭素を排出するが，この場合は，「カーボン・ニュートラル」といって貯蔵していた二酸化炭素を元に戻したことであり，二酸化炭素を新たに排出したことにはならない。

これらを総合すると，木材は最も環境にやさしいエコロジカルな素材ということになる。

(6) 健康

パネル製作に使われている接着剤は，ホルムアルデヒド等の有害物質を発生させないポリウレタン接着剤が使われているので，シックハウスの問題とは無縁であり，環境に負担をかけないとされる。また，パネルの表面は，化粧仕上げが施されているので無理に壁紙を貼ったり，内装材を使用せずに，木肌を楽しみ木の香りを楽しむこともできる。

4．リグノトレンド構法の日本における可能性

　リグノトレンド構法は，優れた技術である。しかし，いかに優れた構法であっても，ドイツやスイスで事業展開したシナリオをそのまま日本で展開して成功するとは限らない。

　もちろん，ドイツやスイスで成功したように各地の中小ビルダーが地域の木材を活用し，いわゆる地産地消住宅をつくることはできるかもしれない。しかし，単なる地産地消住宅は，これまでも各県で取り組んできたところである。地産地消住宅の理念を成功させるには，事業がビジネスとして成り立つ必要がある。

　活用が期待される杉の生産は，全国各地に存在するので，小規模生産に向いた構法に育て上げることができるかどうかが，ビジネスとしての成否のポイントになるだろう。幸いにして，ドイツやスイスでは，10年間に小規模生産の仕組みを各地に作りながら成長してきた実績がある。日本でも小規模生産に向いた構法に育てることが必要である。

　特に，日本の人口が減少過程に入ることを考えると，住宅市場が右肩上がりの成長を続けることは考えられない。一般住宅市場の厳しい状況は，景気循環要因ではなく，構造的要因と考えられる。とすると，住宅不況期にふさわしい事業展開を考えなければならない。

　そこで，リグノトレンド構法事業展開の提案の一つは，3階建，4階建という低層木造マンション，低層木造ビルのパイオニアになることである。

　木造でもビルを建築することは可能である。大断面の集成材を使えば，高層建築も夢ではない。すでにドイツでは，リグノ技術を使った木造マンションがある。大断面の集成材を使えば，高さを追求することも可能であるが，リグノトレンド構法は，3～4階建の低層ビルを建築する構法として利点が多い。リグノトレンド構法は，都市の人々に新しい価値を提供することが期待されている。

　鉄筋コンクリートのマンションで暮らすのと，木造のマンションとで暮らすのとでは，快適さの点で木造マンションの優位性は示されている。また，木造マンションや木造ビルは，居住性だけでなく地球環境問題の観点からも

優れている。国土交通省国土技術政策総合研究所の試算では，木造以外の1〜5階建築の床面積が，年平均（昭和63〜平成12）86,462,592 m² であり，これを木造構造に転換した場合に，木材が吸着する二酸化炭素は，年平均15,851トン，セメント製造過程における二酸化炭素の減少は，年平均23,236,822トン，合わせて23,252,673トンの減少になる。これは，日本の二酸化炭素年間排出量の2%を削減することになる。この他，森林伐採後の植林による二酸化炭素の吸着を合わせると，ビルやマンションを鉄筋から木造に転換することによる二酸化炭素の削減効果は，決して少ないものではない。

　これからは，環境を無視した建築はありえない。木造ビルを建てるということは，都心に森をつくることである。都市がコンクリート社会から木や森の社会に転換する。これはまさに人間にとって歴史的に画期的なことである。

5. ドイツにおけるリグノトレンド構法による木造ビル

図 2・25 木造 4 階建共同住宅（リグノパーク）*

　ドイツ新版建築法令に準拠した最初の建築物が，リグノトレンド構法による木造マンションである。

　図 2・25 は，リグノパークに 6 棟建設予定のうちの最初の第一号である。壁の上部に正方形の箱が見えるが，これは，地下室に取り込まれた空気を循環させ，温めるためのものである。

　ヘッセン州クロイツタール（Kreuztal）市に誕生した「リグノパーク」は，リグノトレンド構法による 6 棟の 4 階建て建築物から構成され，全く新しいタイプの居住プロジェクトである。木造建築における数十年の経験と，これまでに培ってきた省エネルギー・環境テクノロジーのすべての知識を集大成したものである。建築家であり，建築主でもあるマンフリート・アリット氏は，木造建築と自らの職業経験のすべてを，自らの人生を賭けた夢として，この先駆的な「木造建築パーク」に注ぎ込んだ。

(1) ドイツ新版建築法令に準拠した初の大型木造建築物

　ドイツ新版建築法令により，複数階の住居を木造で建築することが可能に

なった。法令は，順次，各州の建築令に組み入れられつつある。この新しい可能性を具体化し，実現したのがクロイツタール市のリグノパークなのである。

マンフリート・アリット氏は，更地となった土地を利用し，建物全体にエコロジーの考えを採用した住宅コンセプトを具体化させた。このプロジェクトは，持続的に，エコロジーに配慮した建築および先進的なエネルギー・コンセプトの導入を示す一つの重要なモデルとなるものである。

(a) 自らリスクを負う

アリット氏は，建築家として自らリスクを負い，1997年より，介護施設の近くにある 10,000 m^2 の土地に，地元の介護サービス会社と共同で，老人と若者が自律的に暮らせるような，ゆったりとした居住棟を建設するというプロジェクトを開始させた。

これら6棟の住居棟は，規模や数の点から周囲の都市計画と一体化させるため，クロイツタール市の委員会や行政当局と協議し，3階の上にさらに段状になった階と平屋根を備えたコンセプトに決定した。この段状の階は，メインの構造と軒先部から分離されている。計画では，6棟のうち5棟にはそれぞれ19戸の住戸が入り，6棟目は介護施設となる予定である。

(b) 目標

目標として以下の点が考慮され，なおかつ，都市計画で定めた目標よりも良い環境を目指した。

- 社会的要素として，介助を必要とするすべての社会層のすべての人に役立つものであること。
- 都市計画上の新秩序として，約100戸の住宅を備えた6棟と付属施設が誕生するものであること。
- ゲットー化を避けるためとして，分譲と賃貸を意図的に混在させること。
- プロジェクト全体に環境配慮を義務づけることとして，建築材料はすべてリサイクル可能なものを使用すること。
- エネルギーおよび環境技術への対応として，ソーラー建築のほか，最新の空気・熱技術を導入すること。

これらの目標のほか，木材のもつ住居内気候特性が特に重視された。将来，ここに住む住人は，空気循環や排気の制御に加えて，最良の室内気候を享受することができる。

(2) **吸放湿性に優れる木材による良好な住居気候**

木材のもつ吸放湿性により，リグノトレンド構法による壁パネル・床パネル材は，夏季のように外気が湿って暑いとき，または，シャワー後など一時的に水飽和率が高まる場合に，空気中の湿気を吸収する。軽量建築の場合とは異なり，石こう材の化粧張りで短期的に湿気を吸収するだけではなく，木材は年間を通じて湿気を吸収する。冬季になって屋外と室内の温度差が拡大することにより，室内の相対温度が低下して空気が乾燥すると，木材から湿気が放出されて快適な空気になる。

(3) **新版建築法令に基づいた防火性を備える支持構造**

建物は，地階も含めてすべて木材で構成されている（図2・26）。防火・遮音に関する要件を満たすことが最大の難関であった。というのは，支持材もすべて新版建築法令の定める防火クラス F60－BA を満たす必要があった

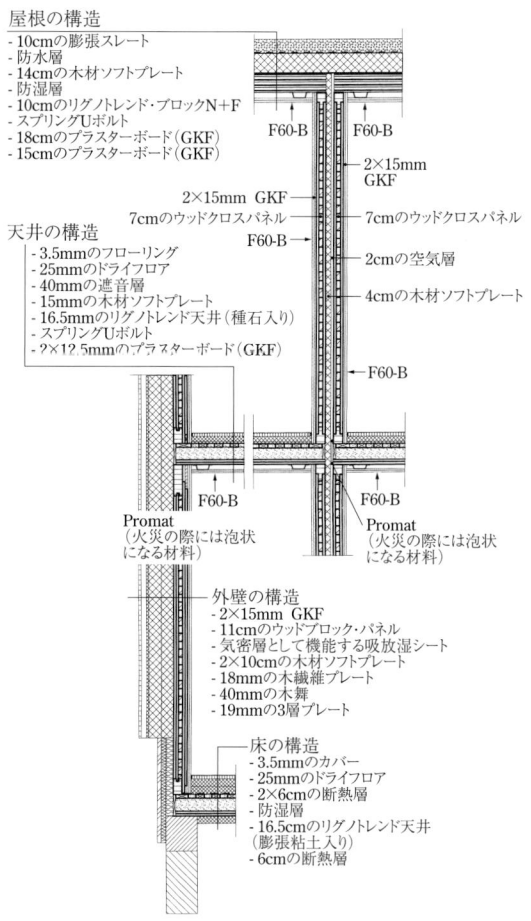

図2・26 主要構造部の構成＊

からである。防火クラスF60－BAでは，不燃化粧張りの裏側が60分後320度を超えない必要があった。

　地階天井および中間天井または住戸を隔てる天井は，石灰石を含むリグノトレンド天井材で構成されている。地階天井は，遮音のため上下に木質ソフトボードが貼られている。天井材は，化粧張りなしでも防火規定F30を達成している。さらに取付けられた2×15 mmのプラスターボードの天井下張りにより，耐火クラスF60－BAを達成した。これにより，空気を伝わる騒音の遮音性も67 dBを，また，衝撃音の遮音性も49 dBを優に達成している。

　図2・27のように，パッシブソーラーゾーンとして外壁前に配置された，リビングルームの延長部分がベランダおよび蓄熱部分として機能するようになっている。

　ガラスは図2・28のように，複層ガラスが用いられている。ガラス部分は，必要に応じて開閉でき，温室として利用するための空間である。

図2・27　ベランダ*　　　　図2・28　ガラス*

　図2・29は，リグノパークの模型である。全体は6つの棟から構成される。
　図2・30は，廊下の状態である。天井材に石灰石が含まれているのがよく見える。
　図2・31は，支柱と横木で構成されたガラス・ファサードの後方の階段室で，パッシブソーラータワーとして機能する。ガラス・ファサードを通じて差し込む光により，温められた空気が上に流れる。階段室は，エレベーターの周囲にらせん状に配置されている。図2・32は，階段室の外観である。

(4)　壁の構造

　地階天井の上には，階ごとにリグノトレンドの壁パネルが立てられている。厚さ11 cmの外壁の室内側には，二重のプラスターボード（2×12.5 mm）

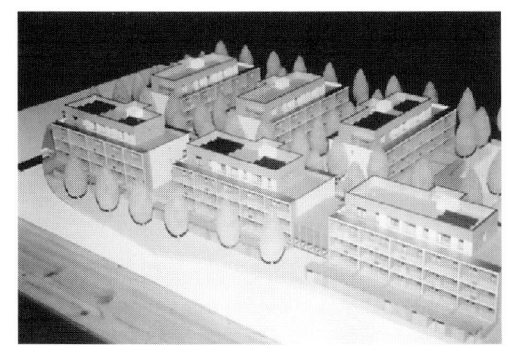

図 2・29 全体模型*

図 2・30 廊下*

図 2・31 階段*

図 2・32 階段室外観*

が取り付けられている。外側には気密層として 2×10 cm の木材ソフトボードと通気スペースを隔てたウッド・ファサードが取り付けられている。

支持内壁はすべて，厚さ 11 cm のウッドブロックパネルの両側に二重プラスターボード（2×12.5 mm）が取り付けられている。各住戸を隔てる界壁は遮音性の観点から，2 枚のボード（2×7 cm）で厚さ 40 mm の木材ソフトボードをはさんでおり，これにより 58 dB の遮音性が達成できる。

(a) 階段室と住居の間の壁

階段室と住居の間の壁は，最もぜいたくな構造になっている。階段室側には耐火クラス F90−BA が，住居側には耐火クラス F60−BA が求められている。ここでも，2 枚のウッドブロックパネル（1×9 cm, 1×7 cm）

の間に厚さ40 mmの木質系の軟質ボードをはさみ，さらに両側に化粧張りが求められている。

(b) 屋根は重厚な木材，エレベーター・シャフトは鋼製

平屋根は，床と同じウッドブロックを使用しているが，防湿のため厚さ14 cmの木材ソフトボード防水層と，厚さ10 cmの膨張スレートが敷かれている（図2・33）。この建物の中で唯一木材でない部分は，建物中央にある鋼製のエレベーター・シャフトである。この鋼構造はこれ以外の役割はない。

図2・33 平屋根

(c) 補強

荷重は壁と天井により分散される。天井プレートと壁プレートはボルトで固定される。

(5) **換気制御によるエネルギー・コンセプト**

持続的な建築方法を実践するにあたり，アリット氏は建築家としてソーラー建築に加えて最新の換気・熱技術を取り入れた。各戸に供えられたコンパクトな換気装置は，1日に12回室内の空気を入れ替えると同時に，暖房と熱回収を行う。年間暖房エネルギー使用量を最大20～30 kWh/m^{2}に抑えるには，どうしても換気制御が必要になるとアリット氏は述べている。

長年にわたる計画の間に，給気用の特別システムが開発された。それは，およそ400 m^{3}の空気を擁する階段室を断熱ガラスの後ろに配置し，この空間をパッシブソーラー・メゾネットとして利用するものである（図2・25，31，32）。日光により温められた空気は，階段室の構造によりおよそ12 mの高さにわたって立ち上る。暖められた空気はそこで吸い込まれ，通気配分システムにより垂直のメインパイプ（図2・34）を通じて各階に，また，水

平のサブパイプを通じて換気・暖房モジュールに送られる。暖められた空気は，1時間に0.5～1.0回の空気の入替えが行われる。

図2・34 メインパイプ*

外気温が高く湿度も高い夏季または，気温が零下になる冬季には，空気は，建物周囲に走る空気用の溝を通じて地下室に取り込まれる（図2・25）。地下室に取り込まれた空気は，地熱および年間を通じておよそ8℃を保つ地下水のおかげで夏季には冷却され，冬季には予熱される。

(a) 必要に応じて追加暖房

廃棄熱だけでは不足の場合は，取り入れた外気を暖めることができる。このとき，ソーラー装置蓄熱部からの暖房エネルギー，または寒い時期が長く続いた場合に使われる49kWのガス暖房機からの暖房エネルギーが，直接熱交換器に送られる。

外気を暖める場合でも，室内サーモスタットには換気のスイッチがついているため「ポイント換気」が可能である。つまり，部屋ごとにそれぞれ必要に応じて換気ができるのである。換気装置の制御は完全電子化されている。小型の0.75W電気モーターが，必要に応じて換気ダクトのバルブを開閉する。熱交換器には，10W直流送風モーターが組み込まれている。熱交換器は，場所をとらないよう，住居フロアの天井部分に設置されている。

(b) その他のパッシブソーラー・ゾーン

エネルギー・コンセプトの観点からは，パッシブソーラー・ゾーンの導入も大きな意味を持つ。そのため，住居のベランダ（図2・27）には複製ガラスが用いられており（図2・28），住人は，使い方に応じてこれを開

閉することにより，外壁の外側にもう1つの熱バッファー領域を誕生させることもできる。この反対側の，下の廊下の上に住居が位置する側（図2・35）においては，気温が零下になるとベランダのガラスは自動的に閉じる。建物の側壁の面積は大きいが，多層になっているため，k値は0.15 W・m²・Kを達成しているという。

図2・35 木造4階建共同住宅*

予想される暖房エネルギーの必要量は，いわゆるパッシブソーラーハウスの標準値と同等である。2001年3月より実際のエネルギー使用量の測定を行っているが，現在のところの予想暖房エネルギー量を下回ることが予想されている。

(c) 建築に必要なエネルギー

自然の建築材のみを用いるという建築コンセプトは，おのずと，生産エネルギーの大幅削減につながる。そのうえ建築資材の輸送にかかるエネルギー・コストを考えると，エネルギー必要量は，従来の建築方法より大幅に抑えられる。

*) 図・表ならびに写真提供
　　SWISS BUILDING COMPONENTS AG
　　LIGNOTREND Produktions GmbH

参考資料

(1) 壁パネルの面内せん断試験

(a) 一般事項

① 件　名：壁パネルの面内せん断試験
② 試験概要
　1) 目　的
　　ホワイトウッド（ドイツトウヒ）の板材を接着した壁パネル面内せん断試験を行い，評価のための技術資料とする。
　2) 試験体
　　ⅰ) 壁パネルの耐力壁
　　　・サイズ：幅 1250×高 2625×厚 90 mm
　　　・2 枚の接着壁パネルを上下の横架材に釘接着
　　　・樹種：ホワイトウッド
　　ⅱ) 接着剤
　　　・水性高分子－イソシアネート系木材接着剤
　　ⅲ) 試験体数
　　　・壁パネル 3 体
　3) 試験方法
　　　壁パネル：タイロッドを用いた面内せん断試験
③ 試験依頼者：株式会社青森ホームコンポーネント
④ 試験実施者名：財団法人日本住宅・木材技術センター
⑤ 試験実施場所：財団法人日本住宅・木材技術センター　試験研究所
⑥ 試験実施日：平成 14 年 4 月

(b) 試験体

試験体の詳細は，以下のとおりである。また，図 1 にその詳細を示す。

① 試験体寸法：幅 1250×高 2625 mm（外々寸法）
② 試験体数：3 体
③ 体力壁の概要：2 枚の基本パネルを並列し，上下の横架材に釘で接合したもの
④ 基本パネル
　1) 寸　法：幅 1250×高 2625×厚 90 mm（外々寸法）
　2) 樹　種：ホワイトウッド
　3) 構　成：幅 95×厚 20，幅 109×厚 20，幅 63×厚 30 および幅 115×厚 20 mm
　　　　　　の寸法を基本とする板材を接着剤で交差して張り合わせたもの。
⑤ 横架材
　1) 上：ホワイトウッド集成材　幅 70×高 250 mm
　2) 下：ホワイトウッド集成材　幅 70×高 125 mm
⑥ パネルの接合

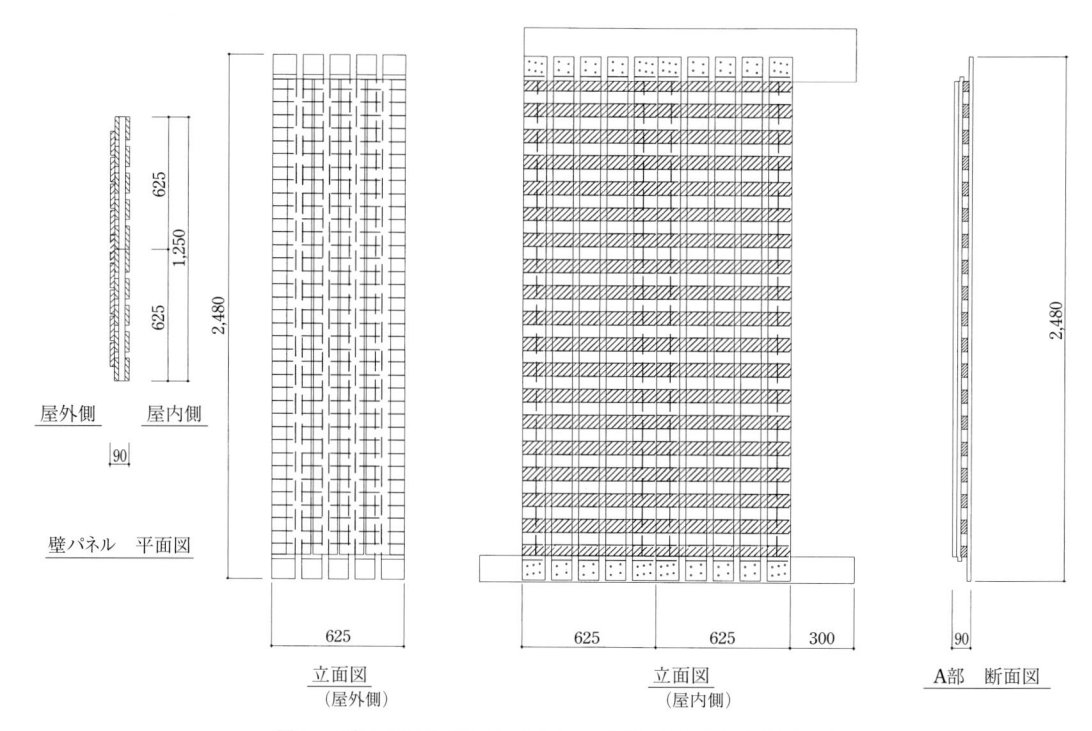

図1 面内せん断試験用ホワイトウッド接着パネルの試験体（mm）

1) パネル－パネルの接合

ホワイトウッド材幅 25×厚 20 mm を釘（CN38 @ 150 mm）で各々のパネルに打ちつけた。

2) パネル－横架材の接合

パネル屋内側の上下の板材を CN75 で横架材に釘打ちした。1枚のパネルは上下の横架材に合計48本の釘で止めつけた。

⑦ 接着剤：水性高分子－イソシアネート系木材接着剤

(c) 試験方法

① 面内せん断力は，JIS A 1414 に規定される「タイロッドを用いる面内せん断試験A法」に準じて行われた。図2に試験方法の概要を示す。

② 荷重の加力

加力は上横架材の中心を加力点として，油圧式復動ジャッキ（容量 100 kN）により行った。荷重の検力は，ロードセル（容量 100 kN，出力 4000 μ/ FS）により行った。

③ 変位の測定

変位の計測は，上下の横架材で水平方向変位（$H1$）（$H2$）を，パネルの側面から内側 100 mm の位置で上下変位（$V3$）（$V4$）を測定した。計測は電気式変位計を用いた。

④ 加圧方法

加力は，正負交番繰返し加力とし，繰返し履歴は真のせん断変形角制御で 1/600，

```
A；加力ｼﾞｬｯｷ      H1：上横架材水平変位測定点
B；ﾛｰﾄﾞｾﾙ          H2：下横架材水平変位測定点
F；振れ止め        H：水平変位測定点間の距離
G；供試体          V3：加力側脚部の上下方向変位測定点
S；滑り止め        V4：反加力側脚部の上下方向変位測定点
T；ﾀｲﾛｯﾄﾞ          V：上下方向変位測定点間の距離
```

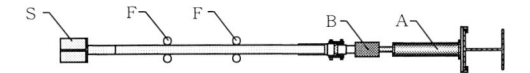

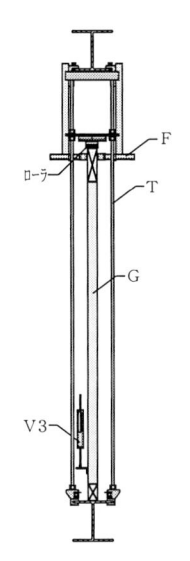

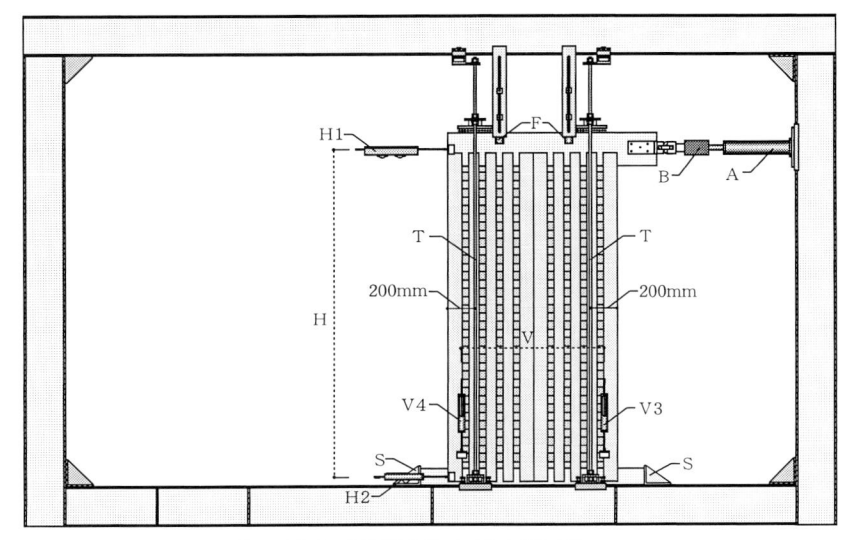

図2　タイロッド式の面内せん断試験方法（正負交番加圧）

1/450，1/300，1/200，1/150，1/100，1/75，1/50，1/30 rad. を標準とした。

なお，同一変形角で，3回の繰返し加力を行った。

(d) 試験結果

① 見かけのせん断変形角（γ），脚部のせん断変形角（θ）および真のせん断変形角（γ_0）は，次式から導かれた。

$$\gamma = (H1 - H2) / H$$
$$\theta = (V3 - V4) / V$$
$$\gamma_0 = \gamma - \theta$$

ここで，γ　：見せかけのせん断変形角（rad.）
　　　　　$H1$：上横架材の水平変位（mm）
　　　　　$H2$：下横架材の水平変位（mm）
　　　　　H　：$H1$ と $H2$ の距離（mm）
　　　　　θ　：脚部のせん断変形角（rad.）
　　　　　$V3$：加力側脚部の上下方向変位（mm）
　　　　　$V4$：反加力側脚部の上下方向変位（mm）
　　　　　V　：$V3$ と $V4$ の距離（mm）
　　　　　γ_0：真のせん断変形角（rad.）

② 試験結果は，表1に示す。
③ 荷重－せん断変形角曲線を，図3(a)～(c)に示す。

(e) 壁パネルの耐力の算定

表1 試験結果

供試体記号	最大荷重 P_{max} (kN/1.25 m)	最大荷重時 γ_0 (rad.)	主な破壊状況
AL-1	37.93	1/25	
AL-2	38.28	1/27	釘による横架材の割れ
AL-3	37.04	1/26	

　壁パネルの短期基準耐力,壁倍率は,㈶日本住宅・木材技術センターが定める「木造の耐力壁およびその壁倍率の性能評価業務方法書」に準拠して求められた。

① 短期基準せん断耐力 P_0

　1) 包絡線の作成

　　包絡線は終局加力側を行った側の荷重－真のせん断変形曲線より作成された。

　2) 短期基準せん断耐力の算定

　　包絡線より完全弾塑性モデルの方法により以下の数値を求めた。

　　ⅰ) 降伏耐力 Py

　　ⅱ) 終局耐力 $Pu \times (0.2 / Ds)$

　　ⅲ) 最大荷重の2／3

　　ⅳ) 真のせん断変形角が1／150 rad. 時の耐力

　　上記のⅰ)〜ⅳ)の各平均値（試験荷重 Pe）にばらつき係数を乗じ,その中の最小値を短期基準せん断力 P_0 とする。ばらつき係数は次式により算定された。

　　　　ばらつき係数 ＝ $1 - CV \cdot K$

　　　　　　　　　ここで,CV：変動係数（標準偏差／平均値）

　　　　　　　　　　　　K：信頼水準75％の50％下側許容限界を求める
　　　　　　　　　　　　　ための定数（試験体に依存し3体は K ＝ 0.471）

　3) 算定した各特性値は,表2に示す。

② 壁倍率の算定

　壁倍率は下式により算定された。ただし,算定した数値には低減係数を乗じていない。

　　壁倍率 ＝ $P_0 \times (1／1.96) \times (1／L) \times a$

　　　　ここで,P_0：短期標準せん断耐力（kN／1.25 m）

　　　　　　　1.96：倍率＝1の基準値（kN／m）

　　　　　　　L：壁長（1.25 m）

　　　　　　　a：低減係数

　壁倍数は,表3に示す。

(2) 開口を有する壁パネルの面内せん断試験

(a) 一般事項

① 件　名：開口を有する壁パネルの面内せん断試験

② 試験概要

(a) AL-1

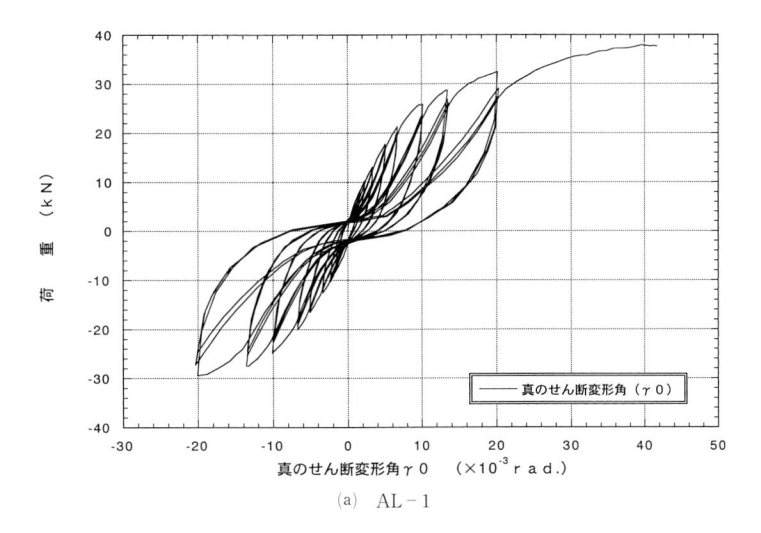

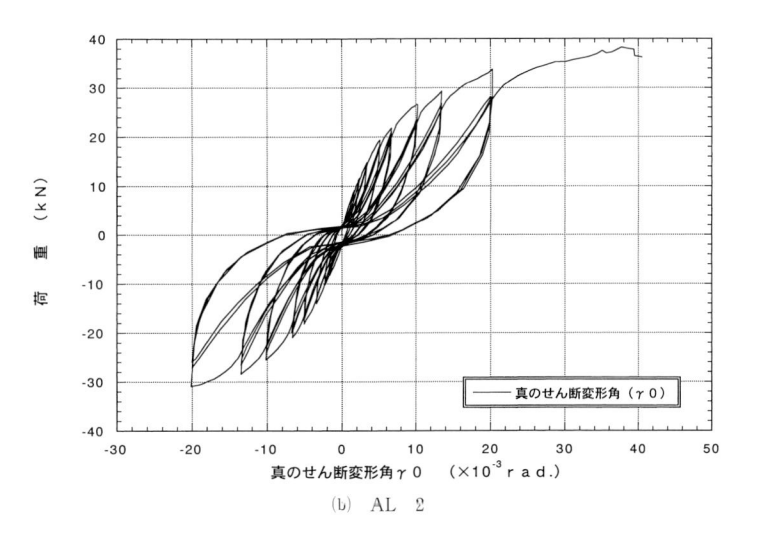

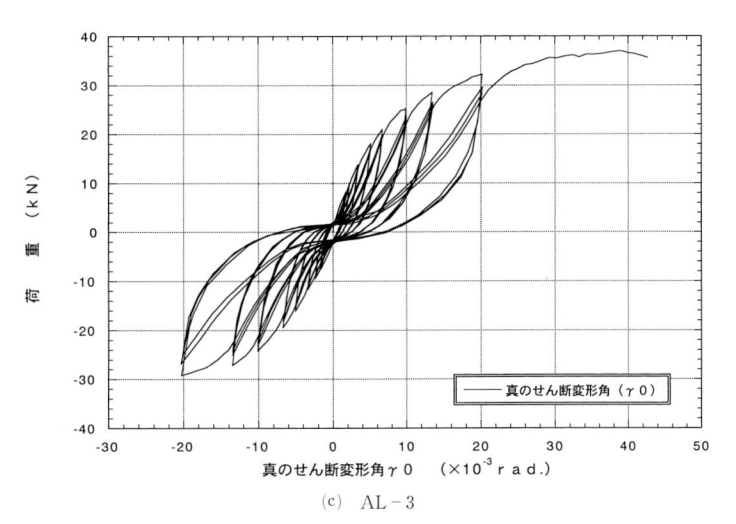

(b) AL-2

(c) AL-3

図3 ホワイトウッド壁パネルの荷重−真のせん断変形角曲線

表2 ホワイトウッド壁パネルの算定された特性値

試験体記号	AL-1	AL-2	AL-3	平均値	標準偏差
最大耐力 P_{max} (kN/1.25 m)	37.93	38.28	37.04	37.75	0.64
最大耐力時変形角 δ_{max} (10^{-3}rad)	39.63	37.64	38.88	38.72	1.00
降伏耐力 Py (kN/1.25 m)	22.63	21.89	21.11	21.87	0.76
降伏変形角 δy (10^{-3}rad)	7.74	6.74	6.81	7.10	0.56
終局耐力 Pu (kN/1.25 m)	34.23	34.34	33.65	34.07	0.37
終局変形角 δu (10^{-3}rad)	41.69	38.60	42.65	40.98	2.12
降伏点変形角 δv (10^{-3}rad)	11.71	10.58	10.85	11.05	0.59
剛性 K (kN/rad)	2.92	3.25	3.10	3.09	0.16
塑性率 μ	3.56	3.65	3.93	3.71	0.19
構造特性係数 Ds	0.40	0.40	0.38	0.39	0.01
$Pu \cdot (0.2/Ds)$ (kN/1.25 m)	16.94	17.23	17.63	17.27	0.34
$2/3 P_{max}$ (kN/1.25 m)	25.29	25.52	24.69	25.17	0.43
一定変形時耐力(kN/1.25 m)					
真 1/300 rad	13.06	14.69	13.56	13.77	0.83
真 1/200 rad	17.51	19.03	17.75	18.10	0.81
真 1/150 rad	21.19	21.77	20.89	21.28	0.45
破壊状況	パネル端部割れ, 梁割れ破壊				

表3 壁パネルの倍率

記号	樹種	壁幅 (m)	短期標準せん断耐力 (kN/1.25 m)	倍率
AL	ホワイトウッド	1.25	17.20	7.0

1) 目 的

3種類の開口を有するスギ挽板接着壁パネル面内せん断試験を行い,評価のための技術資料とする。

2) 試験体

ⅰ) 壁パネルの概要

・4枚のスギ板を水性ビニルウレタン樹脂接着剤で交差接着したもの。

ⅱ) 壁パネルの寸法

・幅1250×高2480 mm

ⅲ) 試験体記号と開口部寸法

・A:幅560×高1090 mm

・B:幅784×高1090 mm

・C:幅784×高1270 mm

ⅳ) 試験体数

・3種類×3体 = 9体

3) 試験方法

財団の「木造の耐力壁及びその倍率性能評価業務方法書」に定めるタイロッド

　　　　式の面内せん断試験
③　試験依頼者：株式会社青森ホームコンポーネント
④　試験実施者名：財団法人日本住宅・木材技術センター
⑤　試験実施場所：財団法人日本住宅・木材技術センター　試験研究所
⑥　試験実施日：平成 15 年 8 月
(b)　試験体
　　試験体の詳細は，以下のとおりである。また，図 4 にその詳細を示す。
①　試験体の概要：壁パネルの上下に横架材を配置し，パネルの片面を CN で釘接合したもの。
②　試験体寸法：幅 1250×高 2625 mm（外々寸法）
③　開口部寸法
　・A：幅 560×高 1090 mm
　・B：幅 784×高 1090 mm
　・C：幅 784×高 1270 mm
④　試験体数
　・各 3 体
⑤　壁パネル
　1)　概　要：幅 75×厚 20，幅 105×厚 20 および幅 63×厚 30 mm のスギ挽板を 4
　　　　　　　枚構成とし，水性高分子イソシアネート系接着剤で交差接着したもの。
　2)　寸　法：幅 625×高 2480×厚 90 mm（外々寸法）
　3)　パネル－パネルの接合
　　並列した 2 枚の壁パネルはスギ板幅 128×厚 20 mm を用いて CN75@125 mm で釘打ちした。
　4)　パネル－横架材の接合
　　壁パネル屋内側の上下の縦杉板を CN75 で上下の横架材に釘打ちした。
　　上下の横架材への釘打は各 48 本。
⑥　接着剤
　・水性ビニルウレタン樹脂接着剤
⑦　開口部枠材
　・幅 30，45×厚 90 mm，スプルース製材
⑧　横架材
　・上　幅 70×高 250 mm，スプルース集成材
　・下　幅 70×高 125 mm，スプルース集成材
(c)　試験方法
　　試験方法は，（材）日本住宅・木材技術センターが定める「木造の耐力壁及びその倍率性能評価業務方法書」に準拠して行われた。
①　試験はタイロッド式面内せん断試験とした。図 5 に試験方法の概要を示す。
②　繰返しのステップは，真のせん断変形角制御で 1/600，1/450，1/300，1/200，1/150，1/100，1/75，1/50，1/30 rad. の正負交番とした。

104　第2編　構法編

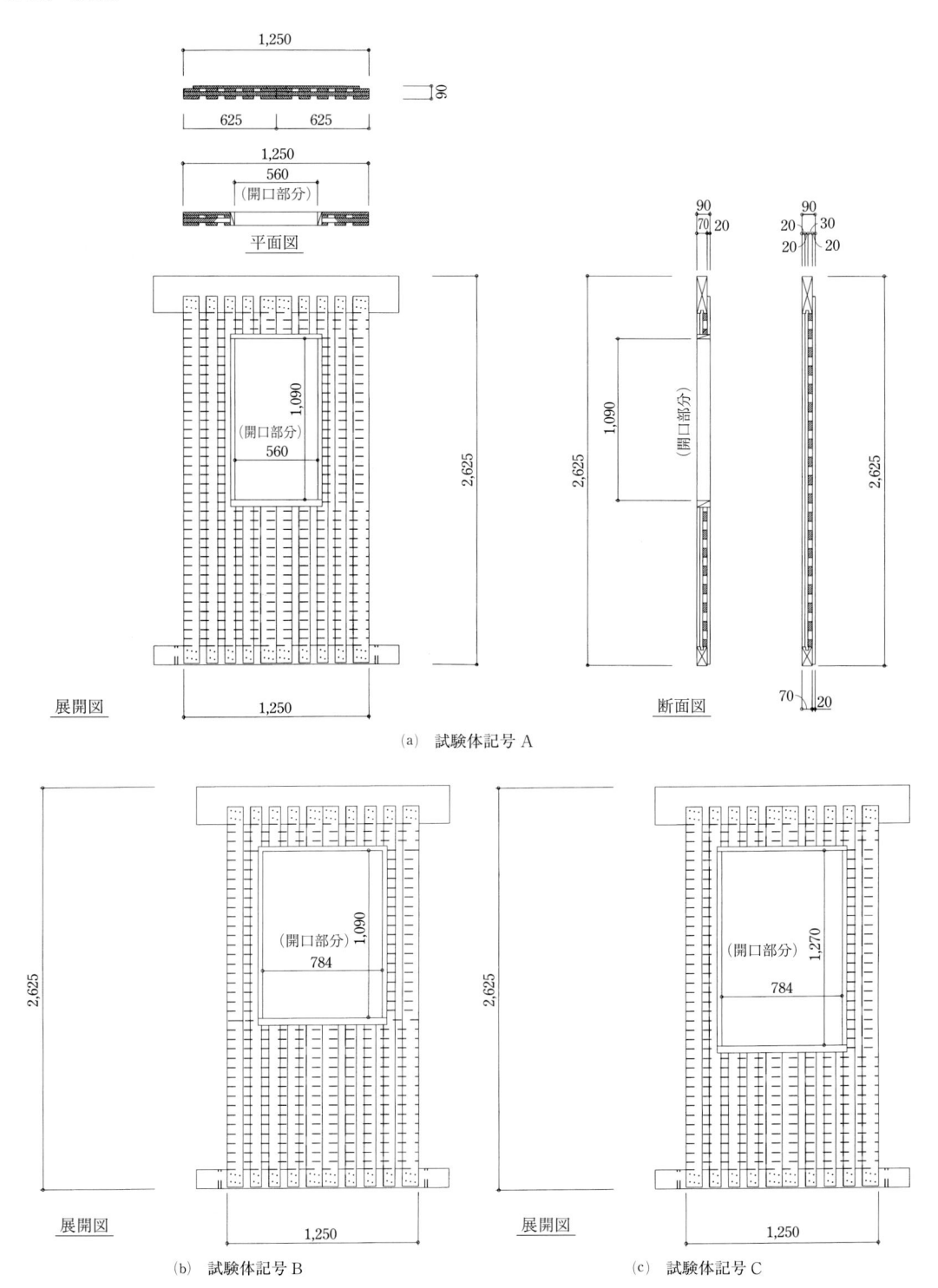

(a) 試験体記号 A

(b) 試験体記号 B

(c) 試験体記号 C

図4　試験体の詳細（mm）

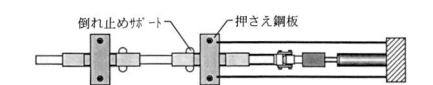

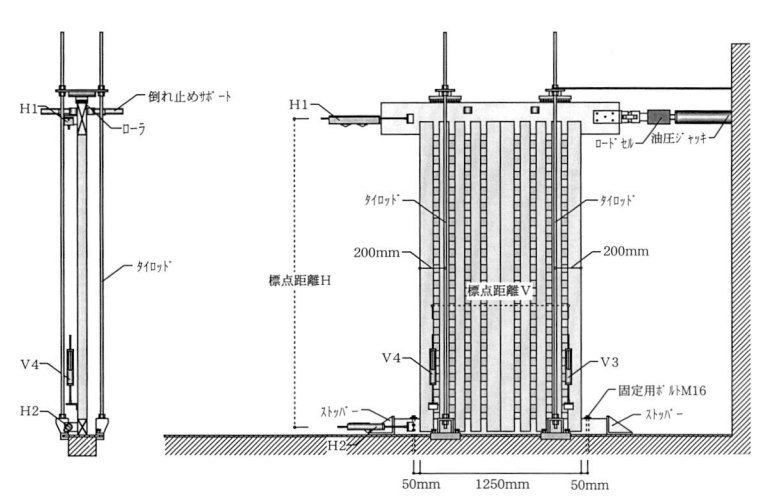

図5 タイロッド式の面内せん断試験方法

③ 繰り返し加圧は，同一ステップで，3回の繰返しとした。
(d) 試験結果
① 最大化圧とその時の変形角および破壊状況を，表4に示す。

表4 試験結果の概要

供試体記号	最大荷重時		主な破壊状況
	最大荷重 (kN/1.25 m)	変形角 (rad.)	
A-1	30.32	1/25	・開口部下枠の曲げ破壊。
A-2	30.05	1/24	・釘による壁パネルの縦スギ板の割れ破壊。
A-3	29.77	1/26	
B-1	21.86	1/30	・壁パネルの縦スギ板の曲げ破壊。
B-2	23.03	1/28	
B-3	23.05	1/25	
C-1	20.87	1/28	・壁パネルの縦スギ板の曲げ破壊。
C-2	21.67	1/27	
C-3	22.46	1/29	

③ 荷重－せん断変形角曲線を，図6(a)～(c)に示す。
(e) 短期標準せん断力，倍率の算定
短期基準せん断力の算定は，「壁耐力業務方法書」の評価方法に準拠して求められた。
① 包絡線は，終局破壊した側の荷重－真のせん断変形曲線より作成された。

(a) A-1

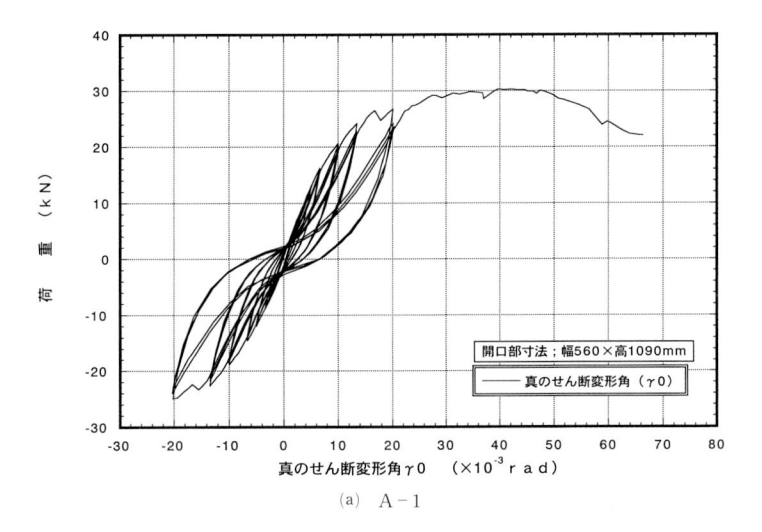

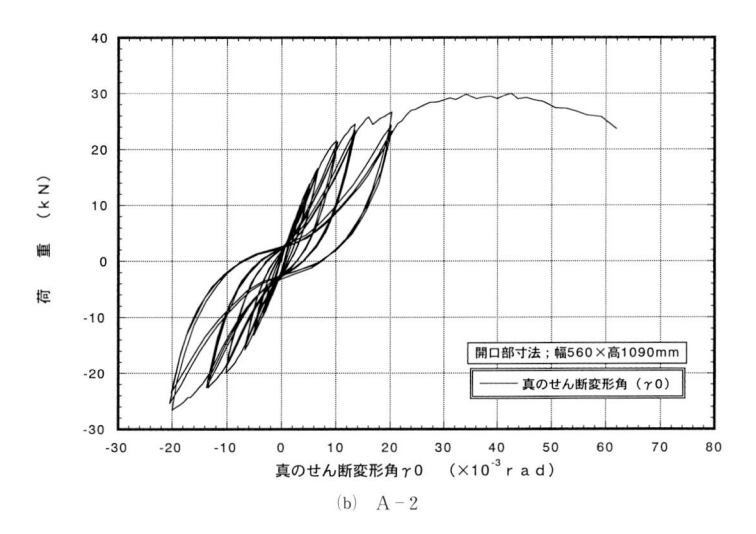

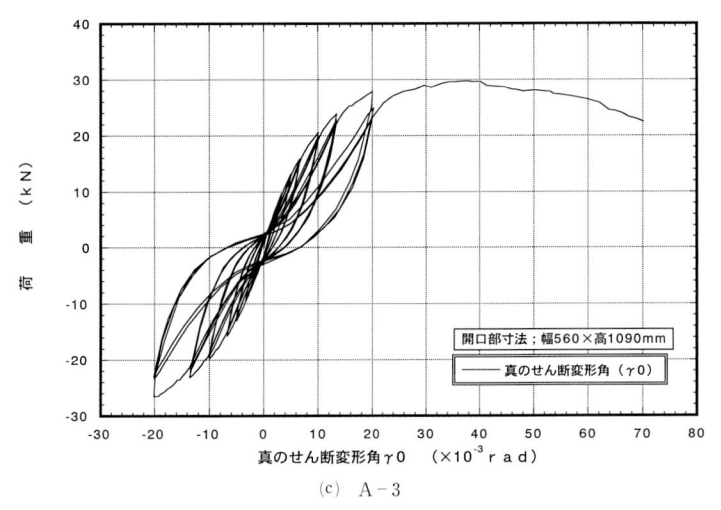

(b) A-2

(c) A-3

図6 開口杉挽板壁パネルの荷重－真のせん断変形角曲線

表5 算定された特性値

	A 試験体		B 試験体		C 試験体	
	平均値	標準偏差	平均値	標準偏差	平均値	標準偏差
最大耐力 P_{max} (kN/1.25 m)	30.05	0.28	22.65	0.68	21.67	0.80
最大耐力時変形角 δ_{max} (10^{-3}rad)	40.00	2.39	36.57	3.40	35.69	1.82
降伏耐力 Py (kN/1.25 m)	18.11	1.22	13.14	1.53	12.37	0.75
降伏変形角 δy (10^{-3}rad)	8.03	0.68	10.65	1.72	11.43	1.34
終局耐力 Pu (kN/1.25 m)	27.88	0.44	20.81	0.89	19.68	0.83
終局変形角 δu (10^{-3}rad)	62.17	4.07	47.56	5.73	46.74	10.95
降伏点変形角 δv (10^{-3}rad)	12.35	0.57	16.84	1.54	18.16	1.78
剛性 K (kN/rad)	2.26	0.07	1.24	0.07	1.09	0.07
塑性率 μ	5.05	0.52	2.82	0.10	2.57	0.46
構造特性係数 Ds	0.33	0.02	0.47	0.01	0.50	0.06
$Pu \cdot (0.2/Ds)$ (kN/1.25 m)	16.93	0.80	8.93	0.59	7.93	0.92
$2/3 P_{max}$ (kN/1.25 m)	20.03	0.18	15.10	0.46	14.44	0.53
一定変形時耐力(kN/1.25 m)						
真 1/300 rad	9.58	0.30	5.37	0.05	4.59	0.12
真 1/200 rad	13.22	0.33	7.51	0.05	6.44	0.15
真 1/150 rad	16.24	0.43	9.46	0.11	8.11	0.08

② 上記の包絡線から完全弾塑性モデルにより降伏耐力等の特性値を算定し,表5に示す。

③ 短期基準せん断耐力は,下記の方法により算定された。表6に示す。

表6 試験荷重と50% 下限値

試験体	項 目	試験荷重(平均値) (kN/1.25 m)	ばらつき係数	50%下限値 (kN/1.25 m)
A	Py	18.11	0.968	17.53
	$Pu \cdot (0.2/Ds)$	16.93	0.978	16.56
	$2/3 P_{max}$	20.03	0.996	19.95
	P_{150}	16.24	0.988	16.05
B	Py	13.14	0.945	12.42
	$Pu \cdot (0.2/Ds)$	8.93	0.969	8.65
	$2/3 P_{max}$	15.10	0.986	14.89
	P_{150}	9.46	0.994	9.40
C	Py	12.37	0.971	12.01
	$Pu \cdot (0.2/Ds)$	7.93	0.945	7.49
	$2/3 P_{max}$	14.44	0.983	14.19
	P_{150}	8.11	0.995	8.07

下記のⅰ)〜ⅳ)の荷重試験の平均値にばらつき係数を乗じ,50% 下限値を求め,耐力の最小値を短期基準せん断力とする。

ⅰ）降伏耐力 P_y
ⅱ）終局耐力 $P_u × (0.2／D_s)$
ⅲ）最大荷重の $2／3$
ⅳ）真のせん断変形角が $1／150$ rad. 時の耐力

④ ばらつき係数は下式による。

ばらつき係数 $= 1 - CV・K$

ここで，CV：変動係数（標準偏差／平均値）
K：信頼水準75%の50%下側許容限界を求めるための定数（試験体 3体 $K = 0.471$）

⑤ 倍率の算定

倍率は下式により算定された。ただし，算定した数値には低減係数 $α$ を乗じていない。結果を表7に示す。

倍率 $= P_0 ×(1／1.96)×(1／L)$

ここで，P_0：短期標準せん断耐力（kN／1.25 m）
1.96：倍率 $= 1$ の基準値（kN／m）
L：壁長（ここでは1.25 m）

表7 算定された倍率

試験体記号	A	B	C
短期標準せん断耐力（kN/1.25 m）	16.05	8.65	7.49
倍率	6.5	3.5	3.0

(3) 床パネルの曲げ試験

(a) 一般事項

① 件 名：床パネルの面外曲げ試験
② 試験概要
　1) 試験体
　　・サイズ 幅600×高222×長4000 mm
　　・接着剤 単一成分式ポリウレタン系接着剤
　2) 樹種 ドイツトウヒ
　3) 試験方法
　　・支点間距離3600 mm，4等分点2点加力方式の曲げ試験
③ 試験依頼者：株式会社青森ホームコンポーネント
④ 試験実施者名：青森県農林総合研究センター
⑤ 試験実施場所：青森県農林総合研究センター 林業試験場
⑥ 試験実施日：平成15年3月

(b) 試験体

試験体の詳細は，以下のとおりである。また，図7にその詳細を示す。

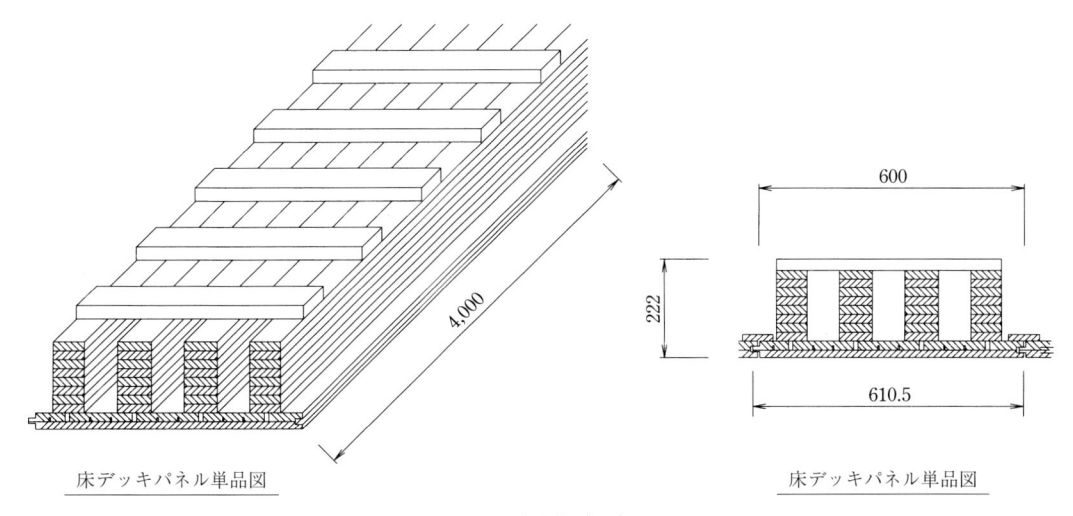

図7 試験体 (mm)

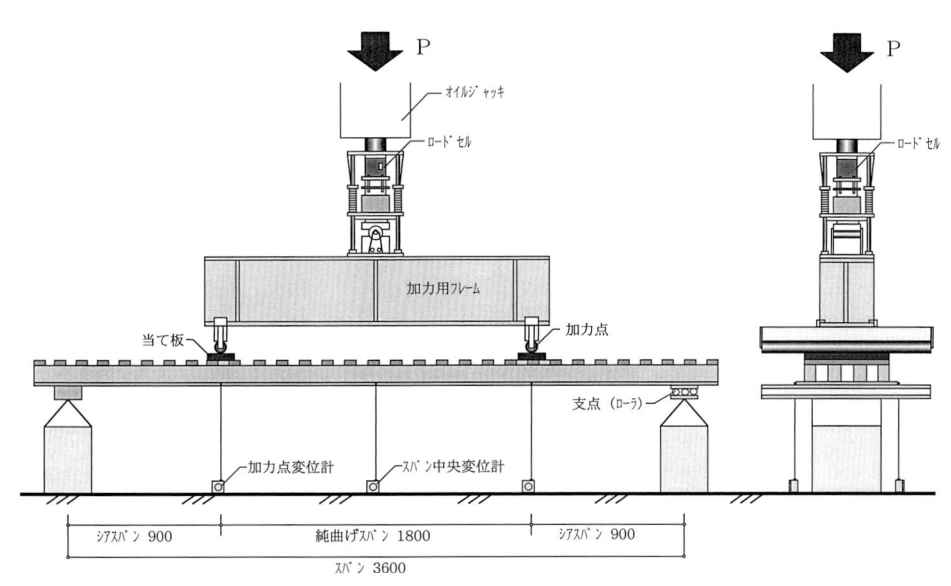

図8 4等分点2点加力方式の曲げ試験方法

① サイズ：幅600×高222×長4000 mm
② 試験体数：3体
③ 基本パネル
　　ドイツトウヒをポリウレタン樹脂接着剤で接着したパネルスパン中央部にフィンガージョイントがある。
④ 樹種：ドイツトウヒ
(c) 試験方法
　　4等分点2点加力方式の曲げ試験。図8に試験方法の概要を示す。

(d) 試験結果
① 試験結果は，表8に示す。

表8 試験結果（スパン：3600 mm）

供試体記号	最大荷重時荷重（kN）	最大荷重時変位（mm）
ADR-1	185.05	47.0
ADR-2	190.25	42.0
ADR-3	210.06	54.0
平均値	195.12	47.7
標準偏差	13.2	6.03

I_y (cm^4) = 24586, Z_1(cm^3) = 2199.7, Z_2(cm^3) = 2884.6

② 基準曲げ強度特性値（$_0F_b$），基準弾性特性値（E_0）

(基準強度：信頼水準75%における5%下側許容限界値)

(基準弾性強度：信頼水準75%における50%下側許容限界値)

曲げ試験強度 = $P_b \times L / (8 \times MZ_2)$

曲げ弾性係数 = $P_b \times L3 \times \dfrac{11}{768 \times \delta}$

表9

供試体記号	曲げ基準強度 F_b(N/mm^2)	曲げ剛性 EI(kN・mm^2)	基準弾性係数 E_0(kN/mm^2)
ADR-1	28.87	2631	10.70
ADR-2	29.68	3027	12.31
ADR-3	32.77	2599	10.57
平均値	30.44	2752.3	11.19
標準偏差	2.06	238.4	0.97

面外曲げ強さの基準値（$_0F_b$）= $x - K \times s.d.$ = 30.44 − 3.152 × 2.06 = 24.0（N/mm^2）

曲げ弾性係数の基準値（E_0）= $x - K \times s.d.$ = 11.19 − 0.471 × 0.97 = 10.7（kN/mm^2）

(4) 床パネルの曲げクリープ試験

(a) 一般事項

① 件　名：床パネルの曲げクリープ試験

② 試験概要

1) 目　的

ドイツトウヒ板材を接着した床パネルの荷重継続時間および曲げクリープの調整係数を算定するために長期荷重載荷試験を行い，評価のための技術資料とする。

2) 試験体

・サイズ：幅148×高222×長5200 mm（中央にフィンガージョイントあり）

- 接着剤：単一成分式ポリウレタン系接着剤
- 樹種：ドイツトウヒ
- 試験体：3体

3) 試験方法
- 2点支持2点載荷方式の曲げ試験，スパン5000 mm

③ 試験依頼者：株式会社青森ホームコンポーネント
④ 試験実施者名：青森県農林総合研究センター
⑤ 試験実施場所：青森県農林総合研究センター　林業試験場
⑥ 試験実施日：平成15年7月～8月

(b) 試験体

試験体の詳細は，以下のとおりである。また，図9にその詳細を示す。

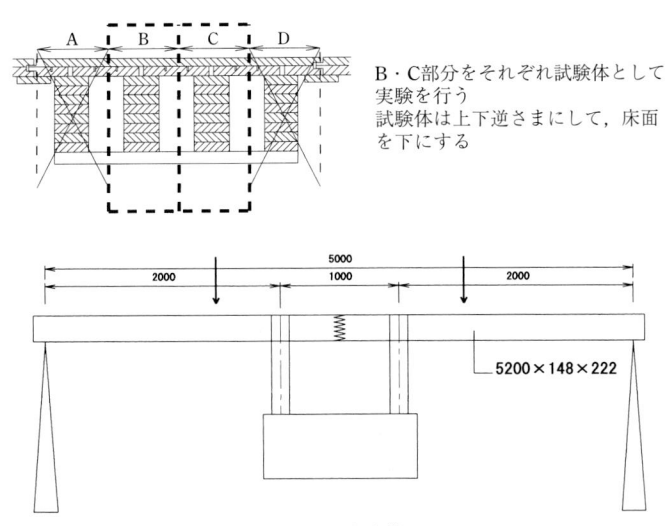

図9　試験体

① サイズ：幅148×高222×長5000 mm
② 試験体数：4体（応力レベル0.80, 0.83, 0.85, 0.90）
③ 樹　種：ドイツトウヒ材による接着積層デッキパネル（DIN 4074 針葉樹材の分類によるS10クラス）
④ 構　成
- 底板：幅148×厚37 mm
- 集成材：幅75×厚20 mm
- 横桟：幅62×厚25 mm
  上記の3材を組み合わせて接着剤で接着接合
- 接着剤：単一成分式ポリウレタン系接着剤

(c) 試験方法
- 2点支持3分点2点載荷方式の曲げ試験。

スパン 5000 mm（曲げ区間 1000 mm，シアー区間 2000 mm）
・応力レベル（載荷荷重）設定

事前に実施した曲げ試験の結果より，曲げ破壊時の荷重は 1591 kgf であった。これより応力レベル 1.0 = 1951 kgf と設定する。

表 10

応力レベル	載荷荷重（kgf）	載荷荷重（kN）	初期剛性（N/mm）
0.90	1432	14.04	242
0.85	1352	13.26	241
0.83	1321	12.95	240
0.80	1273	12.48	284

(d) 試験結果

初期たわみを図 10(a)～(c)に，クリープ変位と荷重継続時間の関係を図 11(a)～(c)にそれぞれ示す。

試験結果は，表 11 に示す。

表 11 継続中に破壊した試験体

応力レベル	破壊までに要した時間（分）	破壊時または直前の変位（mm）	相対クリープ
0.90	33	14.04	242
0.85	189	13.26	241
0.83	1321	12.95	240

(e) 調整係数の算定

荷重継続時間の調整係数は，平成 12 年建設省告示第 1446 号の第 1 の第 13 号木質接着複合パネルの別表 2 の(い)欄第一第十三号に掲げる材料の(は)の九に準じて算定した。

算定の採用したデータは，図 12 とし，この直線回帰式から算定した調整係数（応力レベル）を以下に示す。

$y = -0.00563x + 1.0833$

ここで，y：応力レベル
x：時間（分）の常用対数

上記より，50 年後の応力レベルを推定する。

$\log(50\text{ 年} = 26280000\text{ 分}) = 7.42$

$y = 0.666$

(a) FJ90%

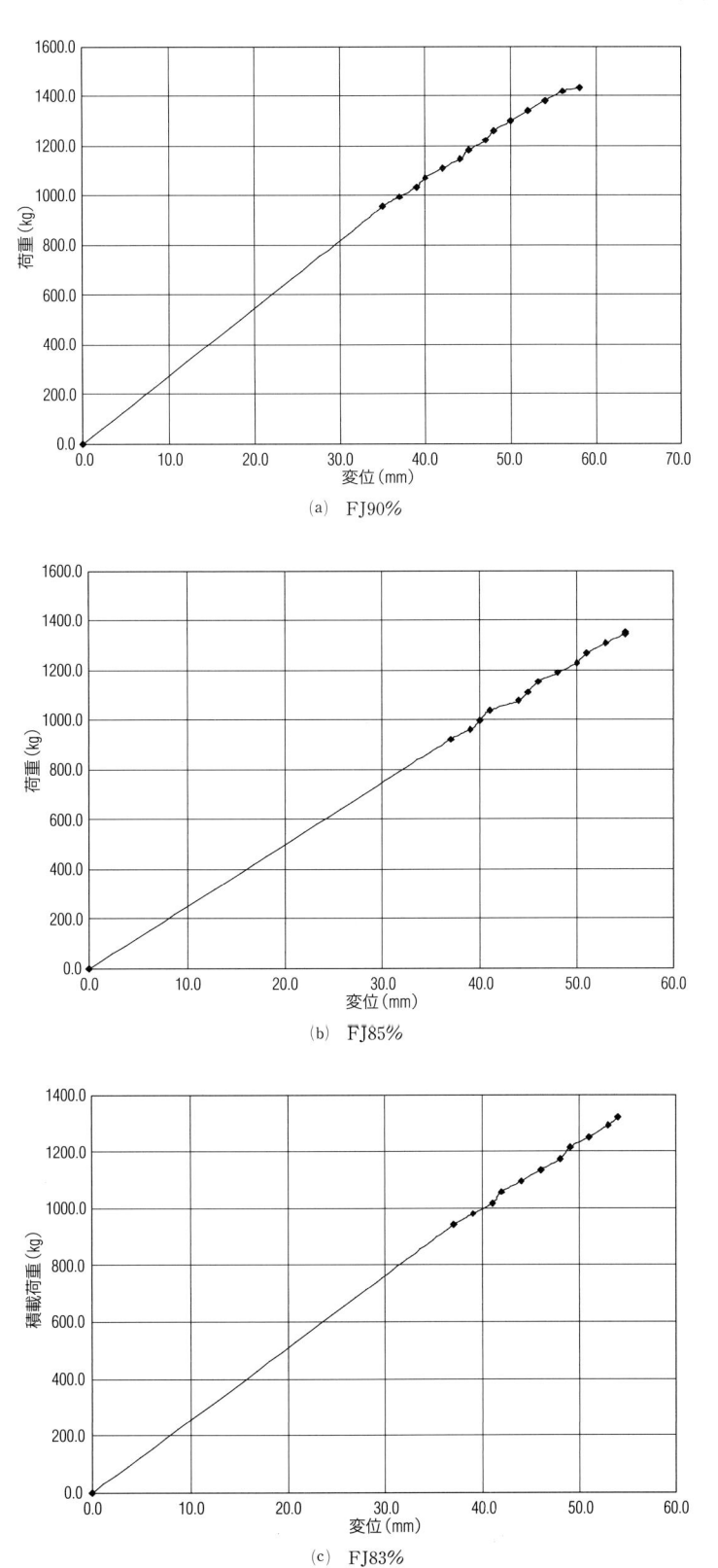

(b) FJ85%

(c) FJ83%

図10 初期たわみ曲線

(a) FJ90%

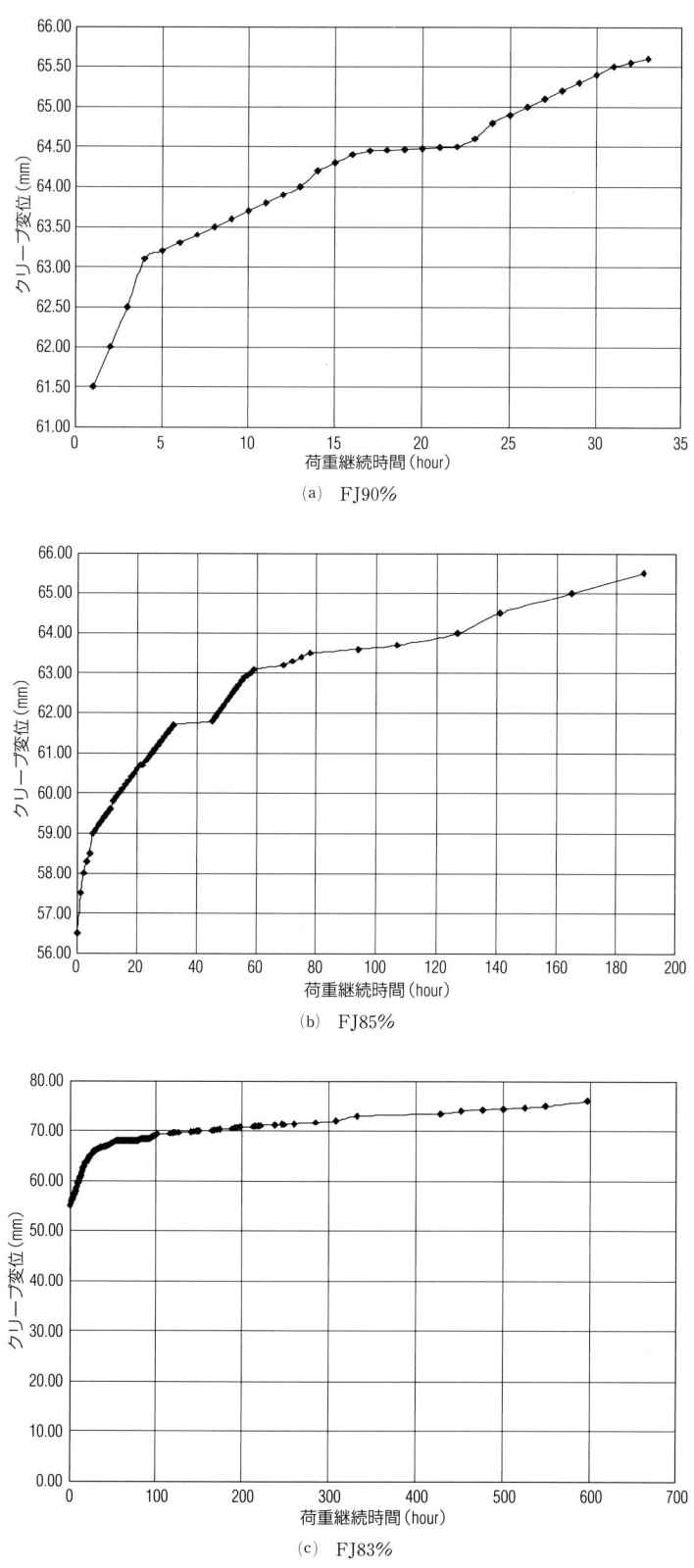

(b) FJ85%

(c) FJ83%

図 11 クリープ変位と荷重継続時間

図12 応力比と荷重継続時間

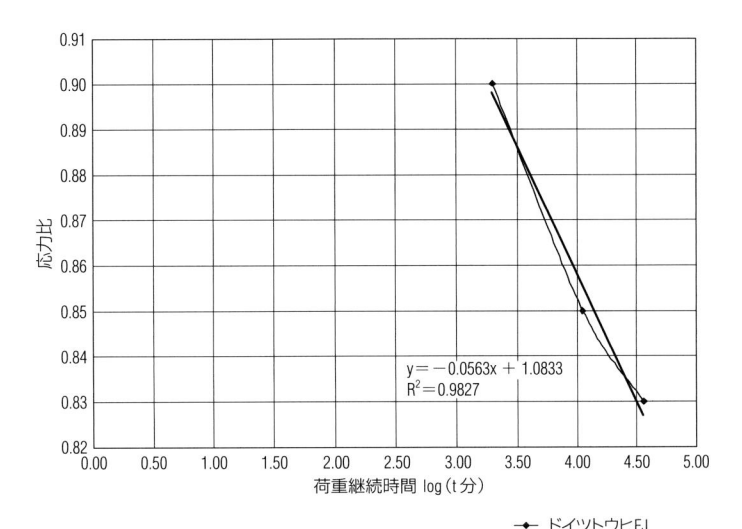

著　者　山本恭逸　Kyoitsu YAMAMOTO
　　　　1977年　明治大学大学院政治経済学研究科 修士課程修了
　　　　現　在　青森公立大学教授

　　　　大橋好光　Yoshimitsu OHASHI
　　　　1983年　東京大学大学院工学系研究科 博士課程修了
　　　　現　在　熊本県立大学助教授

ドイツに学ぶ木質パネル構法
― 地方分権型経済と環境配慮型木造住宅 ―

2004年9月21日　　初版印刷
2004年9月28日　　初版発行

著　者　山　本　恭　逸
　　　　大　橋　好　光
発行者　本　郷　充
　　　印　刷　大日本法令印刷
　　　製　本　豊友社

発行所　株式会社市ヶ谷出版社
　　　　東京都千代田区五番町5
　　　　電話　03-3265-3711（代）
　　　　FAX　03-3265-4008

Ⓒ 2004